PANORAMA

DE PARIS

ET DE SES ENVIRONS.

PANORAMA
DE PARIS
ET DE SES ENVIRONS,

ou

PARIS VU DANS SON ENSEMBLE

ET DANS SES DÉTAILS;

Son origine, la description de ses Monumens, avec l'indication des jours où le public y est admis; l'état de son industrie, de son commerce, des arts et manufactures qu'il renferme. Le tout enrichi de notes curieuses et historiques.

TOME PREMIER.

A PARIS,

CHEZ
- ANT. BAILLEUL, imprimeur-libraire, rue Neuve-Grange-Batelière, hôtel de Choiseul, n° 3.
- LATOUR, libraire, Palais du Tribunat, galeries de bois, n°. 189.
- Et RENARD, libraire, rues Caumartin, n°. 750, et de l'Université, n°. 922.

AN XIII.—1805.

AVIS DE L'ÉDITEUR.

Encore une description de Paris ! Renferme-t-elle au moins quelque chose de neuf ?.....

L'auteur croit pouvoir se flatter que le public distinguera son travail, auquel il a donné les plus grands soins, de ces compilations faites à la hâte, par pure spéculation, et sans le moindre goût. L'ordre qu'il a adopté dans la classification des matières, la manière dont il a parlé de l'instruction publique, des hospices, maisons de bienfaisance, etc. ; l'historique qu'il a tracé des spectacles, et les apperçus qu'il a donnés sur la partie si intéressante de l'industrie et du commerce de Paris, sont absolument neufs ; il a cherché à rendre ces détails aussi instructifs et aussi piquans qu'il lui a été possible.

Pour parler du dernier objet avec plus de certitude et d'utilité, il s'est transporté dans les manufactures et ij

les ateliers, où il a pris connaissance par lui-même des nouvelles découvertes et des procédés intéressans qui s'y mettent en pratique ; jaloux en cela de faire connaître tout ce qui peut honorer la nation française et faire apprécier l'activité de la population de Paris, ainsi que la perfection qu'elle est en possession d'apporter dans les productions des arts.

En parlant des monumens, il a recherché avec attention les étymologies des noms, les dates les plus exactes ; il a varié sa narration par des anecdotes curieuses, et pour la plupart ignorées.

Il en est de même des environs de Paris : au lieu de s'appesantir sur ces descriptions fastidieuses de choses qui n'existent plus, il s'est appliqué à saisir des faits historiques propres à piquer la curiosité.

Le public jugera si ses succès ont répondu à son zèle.

PANORAMA

DE PARIS

ET DE SES ENVIRONS.

ORIGINE DE PARIS,
et ses accroissemens.

En regardant aujourd'hui, d'un œil étonné, cette imposante réunion d'édifices et de palais, ce séjour des arts et du goût, ces nombreuses assemblées savantes, ces précieuses collections de chefs-d'œuvre en tous genres; ces théâtres, ces jeux, ces danses, ces plaisirs; cette incroyable activité qui anime une immense population, ces fortunes, ces trésors; cet alliage inconcevable de vertus et de vices, de dignité et de bassesse, d'actions sublimes et de crimes inouis...... on est loin de songer que cette incomparable cité n'était dans l'origine qu'une simple bourgade, composée de quelques cabanes.

Lutèce a toujours passé pour l'une des plus anciennes villes des Gaules ; et c'est principalement à sa haute antiquité qu'on doit attribuer l'obscurité de son origine et l'incertitude que présente l'étymologie des deux noms qu'elle a successivement portés, *Lutèce* et *Paris*.

A travers les diverses opinions des historiens, il paraît assez vraisemblable que *Lutèce* dérive du mot *lutum*, qui signifie *boue*, à cause de sa situation dans un terrain fangeux (1).

Et que *Paris* vient de *para-Isis*, c'est-

___

(1) Saint-Foix rapporte une autre étymologie fort ingénieuse : « On prétend, dit-il, que dans la

à-dire *près d'Isis*, nom qui lui fut donné par les Romains lorsqu'ils pénétrèrent dans les Gaules, parce que cette déesse avait un temple dans le voisinage de cette ville.

César s'étant rendu maître de Lutèce, après avoir éprouvé une vigoureuse résistance de la part de ses habitans (1), choisit cette ville pour sa capitale. Ce prince en trouva le séjour si charmant, qu'il y transféra le conseil-général des Gaules. Les Romains y restèrent pendant 504 ans; ce fut l'un des derniers

---

langue celtique, *luth* signifiait rivière; *touez*, au milieu, et *y*, une habitation: et qu'ainsi le nom de Lutèce venait de *luthouesy*, habitation au milieu de la rivière, parce qu'en effet cette ville était bâtie dans une île au milieu de la Seine. »

(1) Poussés par le désespoir, les Parisiens sortirent de leur ville, y mirent le feu, rompirent les ponts et présentèrent aux Romains une bataille dans laquelle ceux-ci furent vainqueurs.

postes dont ils furent chassés par nos ancêtres, l'an 452.

On adorait dans les Gaules les mêmes dieux que ceux des Romains, mais sous d'autres noms. Les Parisiens avaient trois temples proche de leur ville. Le premier dédié à leur idole tutélaire, *Cérès* ou *Isis* (1), où est à présent l'abbaye Saint-Germain-des-Prés; le second à *Mithra* ou *Mercure*, sur le mont Leucotitius, qui est aujourd'hui le faubourg Saint-Jacques; et le troisième à *Heus* ou *Mars*, dans un bois sur la montagne qui en portait le nom, et qui est aujourd'hui *Montmartre*. Il paraît même que celui-ci était encore un temple

---

(1) Cette divinité présidait à la navigation; on l'adorait chez les Suèves, sous la figure d'un vaisseau. Les Parisiens ont fait, de tems immémorial, un commerce florissant par la Seine. De-là vient vraisemblablement leur piété envers cette déesse, et que leur ville prit un navire pour symbole.

de *Mercure*. Il y avait aussi un second temple d'*Isis* au village *d'Issi*, qui en a tiré son nom.

L'usage de bâtir des temples hors les villes est fort ancien, et tenait au système des druides, qui était de s'entourer de la solitude des bois pour la célébration de leurs mystères, et sur-tout pour y faire avec plus de sécurité d'horribles sacrifices humains à leurs idoles.

Les Romains ne changèrent en rien la religion des Gaulois; mais plus doux et plus civilisés que ces derniers, ils interdirent l'usage de ces cruels sacrifices.

Ce ne fut que vers le milieu du 3e. siècle que les Parisiens se firent chrétiens.

L'an 358, Julien, nommé proconsul-gouverneur-général des Gaules par l'empereur Constantin, dont il était parent, vint s'établir à Lutèce. Les légions qu'il commandait l'y proclamèrent empereur l'an 360, et la mort de Constantin lui laissa le trône libre. Il avait une maison de campagne hors la ville, où il fit construire des bains qui portèrent le nom de *Thermes de Julien*. Ce sont les restes de cette même salle de bains que l'on voit encore aujourd'hui dans la rue de la Harpe, à l'enseigne de la Croix de fer. Une terrasse qui communique à l'hôtel de Cluny, situé dans la rue des Mathurins, donne lieu de penser que c'est-là qu'était le palais de Julien.

Un siècle après, les Francs firent la conquête des Gaules sur les Romains. Mérouée, le troisième de leurs rois, s'empara de Paris en 451, et en chassa Aëtius, dernier gouverneur des Romains; enfin Clovis, après avoir achevé la conquête des Gaules, déclara Paris la capitale de ses états, l'an 508.

Agrandissemens successifs.

Après que les Romains furent devenus maîtres de la ville, ils obligèrent les habitans à la rebâtir, et prirent toutes les mesures nécessaires pour s'en assurer la possession. César la fit entourer de murailles et fortifier de tours de distance en distance au-delà de l'île qui la contenait encore; c'est de là qu'elle fut nommée la cité de Jules-César : ces fortifications étaient encore en état lors du siége des Normands, l'an 884.

Il fit bâtir deux ponts, et éleva un fort au bout de chacun en dehors de la ville. La grosse tour du Châtelet a subsisté jusqu'à ces derniers tems; l'autre fort, qui était alors au bout du petit pont, fut détruit par les Normands l'an 887, et rebâti sous Charles V, l'an 1369.

Ammian Marcellin, secrétaire de Julien, qui écrivait l'an 375, nous apprend que Paris avait dès ce tems-là un palais ou château, et une place à la pointe orientale de l'île.

Il nous apprend aussi que les Parisiens avaient commencé à sortir de leur île, et à bâtir des faubourgs sur les bords de la Seine.

L'empereur Julien ajoute que ces colonies du terroir de Paris étaient plantées de vignes qui rapportaient d'excellent vin, et qu'il y avait aussi des jardins délicieux, où les Parisiens avaient trouvé l'art d'élever des figuiers.

Il fut fait ensuite une seconde clôture qui commençait à la porte de Paris, continuait le long de la rue Saint-Denis, où il y avait une porte proche la rue des Lombards, passait entre cette rue et la rue Troussevache, au cloître Saint-Médéric, où il y avait une porte, tournait par la rue de la Verrerie, entre les rues Bardubec et des Billettes, descendait rue des deux Portes, traversait la rue de la Tixeranderie et le cloître Saint-Jean, près duquel était une troisième porte, et finissait sur le bord de la rivière entre Saint-Jean et Saint-Gervais. Nous nous servons ici des noms modernes, pour mieux faire entendre quelle était cette enceinte. L'époque à laquelle elle fut faite est fort incertaine.

Malgré que la ville eût reçu cet accroissement du côté du nord, et celui d'un faubourg, de quelques églises et d'un palais (celui de Julien) du côté du midi, elle était toujours environnée de ses marais et de ses bois, d'un côté; de ses vignes et de ses prés, de l'autre.

Clovis, l'an 500, fonda sur le haut de l'une des collines du mont Leucotitius, une église collégiale; (ce fut depuis Sainte-Geneviève-du-Mont), et fit bâtir auprès un palais pour s'y loger.

Childebert fit bâtir, en 559, à la place

du temple d'Isis, une abbaye, sous le nom de St.-Vincent; c'est aujourd'hui St.-Germain-des-Prés : il bâtit aussi de l'autre côté de la rivière une collégiale, qui est devenue St.-Germain-l'Auxerrois. Sous le règne de Dagobert 1er., environ l'an 640, fut bâtie l'église de St.-Paul, hors les murs de Paris. L'église collégiale de St.-Marcel fut bâtie sur la fin du huitième siècle ou au commencement du neuvième. L'ordre des Templiers commença, en 1118, ils firent bâtir le Temple hors de la ville (1).

---

(1) Tous ces édifices religieux et nombre d'autres furent dotés des terres, des prés et des vignes qui les environnaient. Chacun alors s'efforçant de faire valoir ces héritages, en donna une partie à cens ou rente, à la charge d'y bâtir : ainsi, par succession de tems, se formèrent, aux environs de la ville, plusieurs gros de maisons à qui l'on donna le nom de *bourgs*. Il y eut, du côté du midi, les bourgs Saint-Germain-des-Prés, de Sainte-Geneviève et de Saint-Marcel; et du côté

Les premiers rois donnèrent partie d'une certaine étendue de terrain, nommée *Champeaux* (où sont les halles), qui dépendait de leur domaine, pour y faire les cimetières de Paris, n'étant pas permis dans ces tems d'enterrer dans les villes ; c'est-là qu'était, selon Saint-Foix, *l'hermitage de Notre-Dame des bois*, ainsi nommé, parce qu'il se trouvait à l'entrée de la forêt; sur une autre partie se tenait le marché aux bes-

---

du nord, les deux bourgs Saint-Germain-l'Auxerrois, le Bourg-l'Abbé, le Beau-Bourg sur les terres du Temple, le Bourg-Thiboust, du nom de Guillaume Thiboust, prévôt de Paris, en 1299, et le bourg Saint-Eloi, où est l'église Saint-Paul.

Entre ces bourgs et la ville de Paris subsistaient encore, d'un côté, de grandes campagnes, des marais qui furent desséchés et ensemencés. De-là viennent tous ces noms de culture, et par corruption couture, de courtilles, vieux mots qui signifiaient *jardins, enclos*.

tiaux. Philippe-Auguste fit bâtir dans ce marché deux grandes halles qu'il fit clore et y établit une foire, l'an 1183 : il fit aussi clore le cimetière ; ce fut depuis celui des Innocens.

Du côté du midi, il y avait la terre de Laas, grand vignoble situé le long de la Seine, depuis le lieu où est le collége Mazarin, jusqu'à la rue de la Huchette ; le clos Garlande, qui s'étendait depuis la rue Saint-Jacques jusqu'à la place Maubert, le long duquel passait un chemin bordé de noyers, ce qui a donné les noms aux rues Galande et des Noyers ; les deux clos du Chardonnet, l'un dans le faubourg St.-Marceau, et l'autre au faubourg St.-Victor : ce nom du Chardonnet leur fut donné à cause d'une terre couverte de chardons. Tout le reste des faubourgs St.-Jacques et St.-Michel étaient couverts de semblables clos.

Il y avait aussi des prés aux environs de l'abbaye St.-Germain, et le long des bords de la Seine; ce qui a donné le nom à ce quartier de St.-Germain-des-Prés (1).

D'après cet accroissement, voici l'idée qu'on peut se former de Paris et de ses dehors, au commencement du règne de Philippe-Auguste. Une petite ville composée de deux parties, avec leur enceinte particulière, l'une renfermée dans l'île de la Seine, et qui prit le nom de Cité; et l'autre, bâtie sur le bord de la rivière du côté du nord, que l'on nomma la

---

(1) Du tems que Henri IV assiégeait Paris, il y avait encore au-dessous de l'abbaye un grand pré nommé le *pré aux clercs*, parce que les écoliers, qu'on appelait autrefois *clercs*, allaient y prendre leurs recréations; ce pré s'étendait depuis la rue des Saints-Pères jusqu'aux environs de la rue du Bacq. Henri IV y tint quelque tems son armée campée.

Ville, parce qu'elle occupait une plus grande étendue. Cinq autres îles, deux au levant, qui étaient alors en prés, et trois au couchant, en jardins, vignes et prés : ce sont aujourd'hui les îles Louviers et St.-Louis; celle du Palais, composée de deux parties, séparées par un canal de la Seine (qui furent réunies pour former la place Dauphine), et l'île des Cygnes. Hors de la Seine, un petit faubourg, un palais, quelques églises, huit bourgs ou gros villages, éloignés de quelque distance les uns des autres, et entre ces bourgs, des espaces remplis de jardins, de terres labourables, de vignes et de prés.

Philippe-Auguste forma le dessein de réunir dans une même enceinte une partie considérable de ces lieux éloignés, et de couvrir de maisons les terrains intermédiaires. L'occasion du voyage d'outre-mer, qu'il entreprit en

1190, lui parut favorable pour persuader aux Parisiens, sous prétexte de leur propre sûreté, d'entreprendre cette clôture (1). Le roi, pour soutenir cette dépense, aliéna à la ville les péages et autres droits domaniaux dont elle a joui jusqu'en 1638 : ce travail dura vingt ans.

Voici quelle était l'étendue de cette enceinte : elle commençait sur le bord de la rivière, du côté du nord, vis-à-vis le Louvre, traversait la rue Saint-Honoré, venait à la rue Coquillière, passait par la rue du Jour, traversait la rue Montmartre, la rue Saint-Denis, un peu au-dessus de Saint-Jacques-de-l'Hôpital, la rue Saint-Martin, vis-à-vis la

---

(1) Ce fut sous le règne de ce prince, vers 1184, que l'on commença à paver quelques rues de Paris ; Girard de Poissi, financier, contribua d'une somme considérable à cette dépense.

*a **

rue Grenier-Saint-Lazare, et venait à la rue Sainte-Avoie; de cet endroit, ces murs allaient en tournant jusqu'à la vieille rue du Temple, traversaient la rue Saint-Antoine, descendaient à la rue de la Mortellerie, et enfin se terminaient sur le bord de la rivière. Il y avait une porte à chacun des points que nous venons d'indiquer.

La même clôture, du côté du midi ou de l'université, commençait aussi sur le bord de la Seine, où a été depuis la Tournelle, vis-à-vis le lieu où finissait celle de l'autre côté, se continuait en tournant, à travers la rue Saint-Victor, par derrière Sainte-Geneviève, et venait finir sur le bord de la rivière, où est à présent le collége Mazarin ou les Quatre-Nations. Il y eut de ce côté huit portes.

Outre les tours bâties dans cette enceinte, il en fut élevé quatre plus grosses et plus fortes aux quatre points où aboutissaient les murs sur les bords de la rivière : deux du côté du nord, la tour du Bois et celle de Billy ; à l'opposite, du côté du midi, la Tournelle et celle de Nesle. La rivière était fermée par de grosses chaînes, portées sur des bateaux et attachées à ces grosses tours. Philippe-Auguste fit aussi construire le château du Louvre, qui fut achevé l'an 1214; et dans un bois qui était fort proche, une petite maison de plaisance, qu'il nomma le *Château-du-Bois*.

Nous avons continué, dans cette description, de nous servir des noms modernes, quoique rien de tout cela n'existât lors de la construction de cette enceinte : ces rues et ces édifices furent bâtis depuis par succession de tems.

Les guerres de 1356 contre les Anglais, firent penser à la sûreté de la capitale. On prit le parti de l'entourer de fossés et de contre-fossés. Ceux du côté de l'université furent creusés au pied des murs de l'ancienne enceinte, sans y comprendre les faubourgs, qui étaient peu de chose.

Il n'en fut pas de même du côté de la Ville ; on renferma une partie des faubourgs dans l'enceinte des fortifications. Aussitôt que la paix fut faite, Charles V, régent du royaume pendant l'absence du roi Jean, son père, entreprit, l'an 1367, d'accompagner ces fossés de murs et de remparts du côté de la Ville, sans rien changer du côté de l'université.

Cette nouvelle et quatrième enceinte commençait où est aujourd'hui l'Arsenal, passait par les portes St.-Antoine, Saint-Martin et Saint-Denis ; descendait par les Petits-Carreaux, à travers la place des Victoires et du Palais-Royal, et finissait au bord de la rivière, au bout de la rue Saint-Nicaise. De 15 portes qu'il y avait précédemment, il n'en resta que 6.

Une pareille enceinte fut formée vers 1550, sous Henri II, du côté du midi, et renferma aussi les faubourgs qui s'y trouvaient.

Au commencement du règne de Henri IV il n'y avait encore eu aucuns accroissemens dans la Cité; les îles du Palais et de Saint-Louis étaient restées en prairies, et les environs du Temple en terres labourables et en marais.

L'on n'avait rien fait pour la décoration de cette ville; ce n'est que depuis le règne de ce prince que tous les lieux vides ont été couverts d'édifices; que l'on a commencé d'y voir des places publiques régulières, embellies de tous les ornemens de l'architecture, et ornées de statues. Il en fut de même des dehors de la Ville: les faubourgs prirent une étendue considérable.

Sous Louis XIII, la porte Saint-Honoré, qui était près les Quinze-Vingts, fut abattue, et la nouvelle fut portée à 400 toises plus loin. On commença alors une dernière enceinte à cette porte ; elle allait jusqu'au bas du faubourg Montmartre, et fut prolongée jusqu'à la porte Saint-Denis, à-peu-près dans l'alignement que l'on suivit depuis pour les boulevarts. Jusques-là l'emplacement du Palais-Royal, et tout le terrain (dont partie s'appelait les *Petits-Champs*) depuis la place des Victoires et la rue du Petit-Carreau jusqu'aux Tuileries, se trouvait en-dehors des murs de la ville.

Mais sous Louis XIV, Paris offrit la plus grande magnificence : au lieu de murs, de courtines, de bastions, on ne vit alors que fossés comblés, que portes abattues, que remparts applanis. Des arcs de triomphe furent élevés, les plus beaux édifices, des quais et des ponts construits, de nouvelles rues bâties(1), des places publiques ouvertes (2) : les anciennes fortifications furent remplacées par de superbes boulevarts.

---

(1) Tout le côté nouvellement enclos fut bientôt couvert de maisons, c'est-à-dire depuis la rue de Cléri et la rue des Petits-Champs jusqu'aux environs de la rue Neuve-du-Luxembourg; ce quartier était totalement désert; on y volait en plein jour, et en 1670 il y avait encore des moulins sur la butte Saint-Roch.

(2) Il s'en faut de beaucoup que la ville de Paris ne fût alors ce qu'elle est aujourd'hui. Il n'y avait ni clarté, ni propreté; on ne pouvait traverser les rues la nuit sans danger. Il fallait pourvoir au nétoiement continuel des rues, aux illuminations, paver la ville tout entière, faire veiller une garde continuelle pour la sûreté des citoyens.

Louis XIV créa, en 1665, un magistrat uniquement pour veiller à la police.

Les rues de Paris commencèrent, l'année suivante, à être éclairées par des lanternes; les bourgeois étaient obligés auparavant de mettre des lumières sur leurs fenêtres. Ce ne fut que cent ans après, c'est-à-dire au mois de septembre 1766 que M. de Sartine introduisit l'usage des lanternes à reverbères suspendues au milieu des rues.

Paris continuant de prendre un accroissement effrayant, Louis XV crut devoir y assigner des limites par sa déclaration de 1727. On voyait encore à l'époque de la révolution quelques-uns des poteaux qui furent plantés à cet effet.

L'agrandissement le plus considérable que Paris ait reçu depuis cette déclaration, consiste dans les constructions élevées sur tout le quartier de la Chaussée d'Antin, où il n'y avait guère que des marais il y a 30 ou 40 ans. On trouvera dans le cours de cet ouvrage l'indication des édifices bâtis depuis un siècle et les changemens que Paris a éprouvés depuis la révolution.

Après avoir tracé la formation et l'ensemble de cette ville superbe, nous allons la considérer dans ses détails, en nous attachant particulièrement à ce qu'elle offre de plus curieux et de plus intéressant.

CHAPITRE PREMIER.

ÉDIFICES REMARQUABLES.

Avant de donner la description des monumens qui décorent la capitale, il convient de jeter un coup-d'œil sur l'état actuel de l'architecture en France. Pour offrir ce tableau au lecteur, qu'il nous soit permis d'emprunter ici les expressions de M. Lebreton, membre de l'Institut national.

« La France, plus que les autres na-
» tions modernes, participe à la gloire
» que donnent les monumens d'architec-
» ture. Le cit. Heurtier dit, dans le rap-
» port qu'il a fait au nom de sa section,
» que le goût des Français pour l'archi-
» tecture a devancé la renaissance des
» arts en Europe, et il en donne pour
» preuve des églises des 12e. et 13e. siè-
» cles, telles que la cathédrale d'Amiens

» et plusieurs autres; mais sans user de
» ce droit d'antériorité, il est du moins
» bien incontestable qu'au 16ᵉ. siècle
» nous avons eu aussi une première gé-
» nération d'architectes qui ont dépassé
» leurs maitres avec plus de puissance
» encore que nos autres premiers nés
» dans les arts. Il suffit de citer, pour
» l'éclat de cette époque, ces grands
» monumens et les artistes qui les ont
» élevés : le Palais des Tuileries et Phi-
» libert Delorme; le Louvre, Pierre
» Lescot et Jean Goujon; le Luxem-
» bourg et Debrosse.

» La seconde génération se trouve
» à Louis XIV; elle est très-brillante
» encore : plusieurs de ses monumens
» auraient pu être enviés par Athènes
» et par Rome; tels sont le bel arc de
» triomphe de la porte Saint-Denis,
» l'orangerie de Versailles et la colo-
» nade du Louvre. Cet admirable mo-

» nument forme aujourd'hui le noble
» péristile du Temple des arts, des
» sciences et des lettres, d'où l'on com-
» mence à sentir leur présence, et qui
» est digne enfin de cette enceinte (1),
» préparée dans un autre âge pour la
» magnificence royale, plus honorée
» par le nôtre qui l'a consacrée aux
» Muses et à leur solemnité.

» Mais l'architecture décline encore,
» et son génie ne se réveille que vers le
» milieu du long règne de Louis XV,
» en 1732, par le bel ordre dorique du
» portail de St.-Sulpice. Ce monument
» parut alors comme l'éclair dans les té-
» nèbres; mais on dut bientôt le regar-
» der comme l'aurore d'un nouveau
» jour, car Souflot éleva presqu'en
» même tems le Panthéon; Antoine,

---

(1) La salle des séances publiques de l'Institut, le chef-d'œuvre de Jean Goujon.

» l'hôtel de la Monnaie; Gondoin, l'E-
» cole de Médecine; Peyre et Dewailly,
» le théâtre de l'Odéon; Chalgrin, l'é-
» glise St.-Philippe du Roule; Heurtier,
» le péristile du théâtre Italien; Boulée,
» l'hôtel de Brunoy, aux Champs-Ely-
» sées, tandis que le respectable David
» Leroy dévouait sa fortune et sa vie à
» propager, dans les écoles, les prin-
» cipes et le goût de l'architecture
» grecque.

» L'art en était là en 1789.

» Le tableau de l'architecture, depuis
» cette époque jusqu'en l'an 10, ne peut
» point offrir de résultat satisfaisant. Ce
» n'est pas dans le tumulte d'une révo-
» lution politique que devait prendre
» quelque essor un art qui exige, pour
» produire, du calme et de grandes dé-
» penses; si quelquefois on lui impro-
» visa des projets vastes, ceux qui les
» avaient conçus ou inspirés, et ceux qui

» les favorisaient avaient disparu avant
» que l'exécution ne pût être commen-
» cée; mais plusieurs architectes qui ont
» élevé les derniers monumens dont
» nous venons de parler, existent en-
» core avec tout leur talent; d'autres
» qui n'ont pas eu d'aussi heureuses oc-
» casions de se distinguer, sont connus
» dans l'école pour être habiles et con-
» sommés, et l'on a vu dans les concours,
» dans les fêtes publiques, ainsi que par
» des travaux particuliers, se montrer
» de beaux talens qu'on ne comptait pas
» en 1789.

» Il ne faut pas se dissimuler néan-
» moins que l'art a eu le désavantage
» d'être envahi par des hommes incon-
» nus dans les rangs des artistes, et qui
» n'avaient ni l'instruction nécessaire,
» ni assez de talent pour l'exercer.

» Le tort qu'en a éprouvé l'art n'est
» cependant point aussi grave qu'on

» devait le craindre. Il est vrai que les
» yeux sont souvent frappés par des
» constructions indigestes ou bizarres
» qui appartiennent aux causes indiquées
» plus haut, mais ce sont des habita-
» tions particulières qui, comme ceux
» qui les ont élevées, et ceux peut-être
» pour qui elles l'ont été, n'exercent
» point d'empire sur l'opinion. L'exem-
» ple n'est pas contagieux. De grandes
» et importantes restaurations de mo-
» numens se poursuivent en ce moment,
» telles que celle du Luxembourg, du
» Louvre, etc. Le gouvernement en
» outre vient de fournir à l'architec-
» ture de nouveaux moyens d'instruc-
» tion ».

BARRIÈRES.

Les barrières placées aux différentes issues des faubourgs de Paris, furent construites en 1787, sur les dessins de M. Ledoux, par les soins du ministre Calonne (1). Ces monumens, quoique inachevés, et pour la plupart d'un goût bizarre, attesteront à la postérité, par leur étonnante variété, les talens de l'architecte qui en a conçu le plan.

PORTES.

Les seules portes qui méritent d'être citées sont les portes Saint-Denis et Saint-Martin. (2)

---

(1) Ces constructions font partie du mur qui ferme l'enceinte de Paris, et qui fut élevé sur la demande des fermiers-généraux, afin d'empêcher la fraude. Le feu fut mis à quelques-unes dans la première effervescence de la révolution au 14 juillet 1789.

(2) Il existait une autre porte de construction moderne, formant un double arc-de-triomphe : c'était celle de St.-Bernard, abattue en 1791.

PORTE SAINT-DENIS.

Le dessus de cet arc de triomphe, construit en 1672, est découvert à la manière des anciens arcs de Titus et de Constantin, à Rome.

Les deux statues colossales qui se trouvent au bas des pyramides soutenues par des lions, sont la *Hollande* sous la figure d'une femme consternée, assise sur un lion terrassé et mourant, qui tient dans une de ses pattes sept flèches désignant les sept Provinces-Unies : celle qui fait symétrie à celle-ci représente *le Rhin*, tenant une corne d'abondance. Sur le portique sont deux grands bas-reliefs : l'un, du côté de la ville, représente *le passage du Rhin par l'armée française près de Turkheim en* 1664, sous les ordres du maréchal de Turenne (1);

―――――――――――

(1) C'est par ce combat célèbre que le maréchal de Turenne couronna cette belle campagne de

l'autre, du côté du faubourg, *la prise de Maestricht*. L'architecture de ce magnifique et élégant monument est du dessin de François Blondel, et tous les ornemens de sculpture sont de Michel et François Augier.

PORTE SAINT-MARTIN.

Les bas-reliefs de cette porte, élevée en 1674, représentent, l'un la prise de Besançon, l'autre la rupture de la triple alliance, et les deux autres la défaite des Allemands par Louis XIV, sous la figure d'Hercule, la massue à la main, terrassant un aigle (1).

1664, dans laquelle il déploya tout ce que l'art de la guerre peut avoir de plus grand et de plus habile.

(1) Ce fut au retour de son expédition de la Franche-Comté que Louis XIV dit à Racine et à Despréaux, chargés d'écrire son histoire : *Je suis*

Cette porte, ainsi que la précédente, fut bâtie par Bullet, sur les dessins de Blondel.

PALAIS IMPÉRIAL,

OU LES TUILERIES. (1)

La duchesse d'Angoulême, mère de François Ier., qui habitait le palais des Tournelles, ayant trouvé l'air mauvais, était venue se loger dans l'hôtel de Nicolas de Neuville, secrétaire des finances. Cet hôtel occupait à-peu-près

---

fâché que vous ne soyez pas venus à cette dernière campagne, vous auriez vu la guerre de près, et votre voyage n'eût pas été long. Racine lui répondit: *Votre majesté ne nous a pas donné le tems de faire faire nos habits.*

(1) Une singularité remarquable, c'est que le plus beau jardin public d'Athènes s'appelait *Tuileries* ou *les Céramiques*, parce que, comme celui-ci, il avait été formé sur un emplacement où l'on faisait de la tuile.

la place où sont aujourd'hui les Tuileries ; le roi en fit l'acquisition, et Catherine de Médicis le destina en 1564 à faire son palais. Henri IV l'agrandit et fit commencer en 1600 la grande galerie qui l'a joint au Louvre. Il fut occupé par la cour jusqu'au jour où Louis XIV prit possession du château de Versailles. Louis XVI l'habita depuis l'année 1791 jusqu'à l'époque de sa translation dans la prison du Temple ; la convention nationale y tint ses séances, et le conseil des anciens y siégea jusqu'au 18 brumaire. C'est aujourd'hui la résidence de l'Empereur.

La cour de ce palais est fermée par une grille de fer, au milieu de laquelle se trouve la principale porte d'entrée, ornée de quatre faisceaux d'armes, surmontés chacun d'un coq, emblème de la vigilance. Sur la plate-forme des quatre piliers qui soutiennent les deux portes latérales de la grille, sont placés les quatre chevaux de Corinthe (1) qui ornaient la place Saint-Marc, à Venise.

Le jardin, qui a été distribué sur les dessins du célèbre Lenôtre, peut être regardé comme le plus beau et le plus régulier qui existe en Europe. Il fut fini en 1664.

Parmi tous les chefs-d'œuvre de sculpture dont il est décoré, l'œil ne peut se lasser d'admirer le beau groupe d'Enée emportant son père Anchise (2);

L'enlèvement de Cybèle par Saturne;

---

(1) Ces chevaux, qui ont toujours conservé la dénomination de *chevaux de Corinthe*, parce qu'ils furent transportés de cette dernière ville à Rome, de Rome à Constantinople, et de Constantinople à Venise, l'an 1256, furent amenés à Paris le 2 thermidor an 6.

(2) Ce groupe, de l'avis des artistes, est le point de perfection de l'art.

Phaétuse métamorphosée en peuplier ;

Un Atlas ;

Jules César ;

Le Joueur de flûte de Coisevox ;

Hippomène et Atalante ;

Le Repos du chasseur, par Coustou ;

Annibal comptant les anneaux des chevaliers romains tués à la bataille de Cannes ;

L'Hiver ;

Cérès ;

Bacchus.

Près de ces dernières statues se trouve un immense bassin, dont le pourtour est orné de quatre groupes, représentant le *Tibre*, le *Nil*, la *Seine* et la *Marne*, le *Rhône* et la *Saone*.

Le magnifique fer à cheval qui termine ce jardin est embelli de deux autres groupes. Ce sont deux chevaux ailés de marbre, sur l'un desquels est la *Renommée embouchant sa trompette* (1); l'autre est monté par Mercure.

On voit encore près de la terrasse des Feuillans (2) l'emplacement où l'assemblée constituante tint ses séances, les ruines enfin de ce fameux Manége (3), qui est condamné à ne plus figurer que dans l'histoire.

―――――

(1) Un trait de génie du sculpteur, à qui l'on doit la *Renommée*, est de ne pas avoir donné de bride au cheval qui la porte.

(2) Cette terrasse qui, d'après le nouveau plan, prendra désormais la dénomination de terrasse de *Rivoli*, doit celle qu'elle a portée jusqu'à présent à l'église des Feuillans qui était située à quelques pas de là. C'est cette même église, choisie en 1792 par les députés de l'assemblée législative, pour protester contre tout ce qui pouvait donner atteinte à la constitution de 1791, qui donna naissance au côté droit de cette assemblée, connue sous le nom de *Feuillans*.

(3) La rue située sur l'emplacement du Manége, s'appelera rue de *Rivoli*.

N. B. Suivant le plan qui paraît être arrêté, le jardin des Tuileries sera fermé au nord par une grille qui rejoindra celle du Carrousel, et se prolongera jusqu'à la place de la Concorde ; une galerie spacieuse et bien éclairée fera face à cette grille ; elle sera couronnée d'un balcon et d'un attique construits sur un plan uniforme. Pour corriger la monotonie de cette régularité, il sera permis aux propriétaires de ces terrains de varier à leur gré les constructions qu'ils élèveront au-dessus de la galerie et du balcon.

Sur la place du Carrousel, à l'extrémité du Pont-tournant et de la cour des Orangers, on construira un amphithéâtre, divisé en cinq sections demi-circulaires, dont les gradins pourront contenir 60,000 personnes assises, les jours où le gouvernement donnera des fêtes, soit sur la place de la Concorde, soit dans l'avenue des Champs-Elysées,

Une vaste rue remplacera l'étroit passage des Feuillans et conduira au boulevart de la Chaussée-d'Antin, à travers la place Vendôme et le jardin des Capucines. Elle sera distribuée de droite à gauche en galeries surmontées de balcons comme celle de la grande rue pratiquée depuis le Carrousel jusqu'au Garde-Meuble.

LE LOUVRE. (1)

Ce célèbre et vaste monument, qui semble ne faire qu'un avec les Tuileries, est un des plus beaux édifices de l'Europe. La partie qu'on peut appeler le *vieux Louvre*, a été commencée en 1528 sous François Ier., et continuée successivement sous Henri II, Charles IX et ses successeurs (2).

---

(1) De l'ancien mot saxon *louvear*, qui signifiait un *château*.

(2) Le Louvre, après avoir été hors des murs

La grande façade du côté de Saint-Germain a été élevée sous le règne de Louis XIV. C'est cette partie qu'on nomme *le nouveau Louvre* (1). Les fondemens en furent posés en 1665 par le cavalier Bernin ; mais l'on eut ensuite

---

pendant plus de six siècles, se trouva enfin dans Paris par l'enceinte commencée sous Charles VI en 1382 ; mais ni ce prince, ni ses successeurs n'en firent leur demeure ordinaire, ils le laissaient pour les monarques étrangers qui venaient en France.

Charles IX, Henri III et Louis XIII demeurèrent au Louvre et y firent bâtir.

Il ne reste rien du vieux château de Philippe-Auguste.

(1) Le projet de Colbert était de faire démolir l'église de Saint-Germain-l'Auxerrois, les maisons du cloître et celles de quelques rues voisines, pour faire, sur l'emplacement qu'elles occupent, une grande et magnifique place, à laquelle le Pont-Neuf aboutirait, et qui, dégageant l'avenue du Louvre, mettrait dans un beau point de vue sa superbe façade.

recours à Claude Perrault, qui de médecin se fit architecte, et exécuta cet ouvrage, qui ferait seul la gloire d'un siècle.

C'est dans une des salles du Louvre, désignée ci-devant sous le nom de *salle des Antiques*, que l'institut national tient ses séances. L'exécution de tous les détails de sculpture, aussi bien que les belles cariatides du fond qui soutiennent la tribune, sont du célèbre Goujon. On a placé dans cette même salle les statues de la plupart des grands hommes qui ont illustré le siècle de Louis XIV et le 18e. siècle.

C'est dans ce palais, qu'on peut regarder à juste titre comme le sanctuaire des sciences et des arts, que sont réunis les chefs-d'œuvre de sculpture et de peinture rassemblés de toutes les parties de l'Europe.

Voyez, pour la description de cette intéressante galerie, chapitre *Beaux-Arts*.

Le projet du gouvernement est d'achever le Louvre. Sa restauration est commencée depuis l'an 10.

PALAIS DU SÉNAT CONSERVATEUR,

Ci-devant Luxembourg.

Ce palais, dont le gouvernement a confié la restauration à M. Chalgrin, fut construit en 1615 (1) par ordre de Marie de Médicis, sur les dessins de Jacques Desbrosses, qui imita, autant que le terrain le pouvait permettre, le dessin du palais Pitti, où le grand-duc de Toscane fait sa résidence. Il était habité avant la révolution par un prince de la

---

(1) Cette construction fut faite sur l'emplacement de l'Hôtel du duc de Luxembourg, et en conserva le nom.

famille des Bourbons. En 1795 le directoire exécutif en prit possession et y tint ses séances jusqu'au 18 brumaire an 8, époque à laquelle le sénat-conservateur y fut installé.

L'escalier qui conduit à la salle des séances du sénat passe pour un des plus beaux morceaux en ce genre. Depuis la première marche jusqu'au faîte, chaque face latérale du mur est ornée de sculptures, exécutées avec beaucoup de soin et de tems dans la pierre même dont le mur est composé. La voûte, arrondie en berceau, est variée par divers dessins non ciselés dans la pierre : ce sont des pièces de rapport fixées au plafond par des chevilles de fer, et distribuées dans des proportions heureusement calculées pour plaire à l'œil. Les degrés consistent en une pierre d'un seul morceau, aussi large que la montée.

Au haut de l'escalier s'offrent plusieurs

salles intermédiaires : des salles d'armes pour la garde journalière, des salles de réception, où les envoyés des premières autorités attendent leur introduction et la réponse à leurs messages.

La salle des séances, située au centre de la façade du château donnant sur le parterre, n'a aucune vue extérieure, et ne reçoit de jour que par une ouverture supérieure, comme celle du corps législatif ; elle est chauffée par un procédé usité en Angleterre : des conduits circulaires, pratiqués entre le plancher et le parquet, promènent de tous côtés la chaleur, dont les foyers sont établis dans un étage supérieur.

Les figures du frontispice, dans la cour, sont de Despercieux ; celles du jardin sont de Cartelier.

On admire dans ce palais une galerie dans laquelle on a rassemblé les chefs-d'œuvre de Rubens, de Lesueur, de

Vernet, de David et autres grands maîtres.

Voyez, pour la description de cette galerie, chapitre *Beaux-Arts*.

Le jardin, replanté depuis peu de tems sur de nouveaux dessins (1), et considérablement agrandi du côté de la rue d'Enfer, sur l'emplacement des Chartreux, dont partie de l'enclos, vers le sud-ouest, est cultivée en pépinière, est encore embelli d'un grand nombre de

---

(1) L'ordonnance du jardin du Luxembourg a été confiée à M. Bellanger.

Nota. Les statues exposées au Luxembourg, et destinées à décorer le grand escalier, ainsi que la salle des séances du palais du tribunat, sont au nombre de 28. savoir : celles de Solon, Aristide, Scipion-l'Africain, Démosthènes, Cicéron, Lycurgue, Camille, Cincinnatus, Caton-d'Utique, Périclès, Phocion, Léonidas, Epaminondas, Miltiade, Beauharnais, Thouret, Mirabeau, Barnave, Condorcet, Chapelier, Hoche, Desaix, Dugommier, Cafarelli, Marceau, Vergniaux, Kléber, Joubert.

statues, parmi lesquelles on distingue le *satyre Marsias écorché par l'ordre d'Apollon*, une petite copie des Lutteurs antiques, Vénus caressée par l'Amour, de Pigal; Psyché au moment où elle vient avec sa lampe pour surprendre l'Amour pendant son sommeil : ce groupe est de Delestre. (Cette statue se trouve dans la salle qui précède la galerie de Rubens.)

A l'extrémité orientale de ce jardin on trouve la fontaine connue sous le nom de *Grotte de Médicis*. Cette fontaine, regardée à juste titre comme un des beaux monumens d'architecture hydraulique, a été construite sur les dessins de M. Lebrun. On voit au-dessus le fleuve du Rhin et la nymphe de la Seine. Une naïade sortant du bain occupe une niche au milieu de la grotte.

PALAIS DU CORPS LÉGISLATIF.

Cet édifice est l'ancien Palais Bourbon; il a été occupé jusqu'au 18 brumaire an 8 par le conseil des cinq-cents. La salle destinée aux séances du corps-législatif, construite en l'an 3, mérite une description particulière.

Un des côtés du bâtiment est occupé par deux salles, l'une dédiée à *la Paix*, et l'autre aux *Victoires*. Dans l'autre côté sont deux vastes salons, le premier dédié à *la Liberté*, l'autre à *l'Égalité*. L'on entre de chacun de ces deux salons par un perron de marbre dans la salle des séances; sa forme est demi-circulaire; elle reçoit le jour d'en haut. Le bureau et le siège du président sont en acajou massif. Le bas-relief au-dessous de la tribune représente deux figures assises; l'une est l'Histoire qui écrit le mot

République, l'autre est la Renommée qui publie les grands événemens de la révolution. Sur la même face, dans six niches pratiquées à la droite et à la gauche du président, on voit six statues représentant les législateurs grecs, Lycurgue, Solon, Démosthènes; et les législateurs romains, Brutus, Caton et Cicéron.

Le pavé du centre en compartimens de marbre est orné d'attributs allégoriques ; les deux grandes portes qui donnent entrée à la salle, sont en acajou massif avec des étoiles en or ; leurs chambranles de marbre blanc, sont richement sculptés ; le pourtour des murs est revêtu de stuc recouvert de lames de cuivre doré.

En terminant sa dernière session, le corps-législatif a voté une statue de l'Empereur, pour consacrer le bienfait que la nation vient de recevoir de lui dans la promulgation du nouveau code des Français. Cette statue sera en pied, et élevée sur un cube carré au milieu de la salle du corps-législatif. M. Chaudet a été choisi pour l'exécution de ce monument en marbre, qui sera achevé dans le courant de la prochaine session.

PALAIS DU TRIBUNAT,

Autrefois le Palais-Royal. (1)

Ce palais, qui est à Paris ce que cette ville est à la France, fut bâti en 1636 par le cardinal de Richelieu (2), qui en fit don à Louis XIII; après la mort de Louis XIV, il passa dans la famille

---

(1) C'est au milieu du Palais-Royal que se forma le dimanche 12 juillet 1789, autour des bustes du duc d'Orléans et de Necker, ce premier rassemblement qui devint le foyer des événemens qui suivirent.

(2) On voit encore dans la première cour du Palais du Tribunat les armes du cardinal de Richelieu. Elles consistent en un vaisseau fixé par une ancre.

d'Orléans, qui l'occupa jusqu'en 1794.

Le jardin, sans pouvoir être assimilé à celui des Tuileries, n'en est pas moins très-agréable, en ce qu'il offre l'avantage d'être entouré de belles galeries, de portiques et de riches boutiques, qui forment une foire perpétuelle dans le quartier le plus précieux et le plus fréquenté de la capitale.

La nouvelle salle du tribunat, construite en 1802 sur les dessins de M. de Beaumont, est d'une forme demi-circulaire, décorée par une colonade en stuc d'ordre ionique, qui supporte la galerie publique; le bureau ressemble beaucoup, pour la disposition, à celui du corps-législatif, mais chaque membre a son siége particulier. On trouve dans cette architecture et dans celle des salles qui précèdent, beaucoup de simplicité, et des détails d'un bon goût. Deux statues de forte proportion, l'une de Démosthènes et l'autre de Cicéron, sont placées à l'entrée de la salle. La rampe de l'escalier qui conduit à cette salle est un chef-d'œuvre en ce genre.

On remarquait, plusieurs années avant la révolution, dans le Palais-Royal, une riche collection de tableaux des plus grands maîtres de l'école romaine, lombarde, flamande et française. La grande connaissance que le duc d'Orléans, régent, avait de la peinture, lui avait fait rechercher et acheter de tous côtés les meilleures productions en ce genre. (1)

---

(1) L'Angleterre possède aujourd'hui cette intéressante collection dans laquelle on distinguait le Lazare de Sébastien del Piombo, chef-d'œuvre que bien des amateurs mettent à côté de la transfiguration de Raphaël, les Sept Sacremens du Poussin ; Vénus sortant des eaux, par le Titien, etc.

Les pierres gravées au nombre de 1468 furent achetées pour le compte de l'impératrice de Russie. Il y avait parmi ces pierres une agate-onix repré-

PALAIS DE JUSTICE.

On ignore l'époque de la fondation de cet édifice qui remonte aux premiers jours de la monarchie française; il paraîtrait, suivant M. de Ste.-Foix, qu'il a été le séjour ordinaire des rois de la troisième race, depuis Huges Capet jusqu'à Charles V : la façade en est majestueuse ; la grille qui sert d'entrée passe pour un des plus beaux morceaux de serrurerie : du côté du pont S.-Michel est un prolongement, orné d'un bas-relief, appelé vulgairement le *serment civique* (1); le

---

sentant Agrippine, Drusile et Julie, qu'on regardait comme une merveille de l'art et de la nature.

(1) Ce bas-relief, qu'on désigne aujourd'hui sous le nom de *serment civique*, représente tous les généraux d'ordre, tant séculiers que réguliers, prêtant serment à la chambre des comptes.

perron conduit à la galerie mercière, ayant d'un côté la Ste.-Chapelle, et de l'autre la salle des procureurs (ou grand'salle), qui est d'une immense étendue. C'est dans l'enceinte de ce palais que tint ses séances cet affreux tribunal révolutionnaire qui, dédaignant jusqu'à l'apparence des formes, ne permettait pas aux accusés de se défendre ni par eux-mêmes, ni par un défenseur de leur choix, et se faisait un jeu barbare de motiver ses arrêts de mort sur de prétendus soupçons, dont il connaissait parfaitement et la fausseté et l'absurdité.

L'escalier couvert, la restauration des voûtes, et sur-tout la construction des archives du Palais de justice, ouvrages de M. Antoine, passent pour de beaux morceaux d'architecture.

# LE PANTHÉON. (1)

Cet édifice élevé sur les dessins de l'architecte Souflot, est un des plus beaux monumens qui aient été construits en France depuis la renaissance des arts. Il forme une croix grecque; la coupole sur-tout est admirable par sa hardiesse et son élévation. Louis XV en posa la première pierre, le 6 septembre 1764.

C'est à l'occasion de la mort de Mira-

---

(1) Ce mot, pris du grec, signifie proprement un temple consacré à tous les Dieux. Le plus fameux est celui qu'Agrippa, gendre d'Auguste, fit construire à Rome, et qui subsiste encore sous le nom de *la Rotonde*.

Les ornemens du Panthéon ont été dirigés par M. Quatremère de Quincy. Le bas-relief qui est sur l'architrave est de M. Maite, membre de l'Institut; les deux autres sont de M. Boizot. Le groupe à droite est de M. Chaudet, et le bas-relief au-dessus, de M. Lesueur; celui qui est à la

beau (1) que l'assemblée nationale constituante décréta que l'église de Sainte-Geneviève serait destinée à recevoir les cendres des grands hommes, ainsi que le porte l'inscription placée sur le fronton de l'édifice.

---

gauche est de M. Masson, et le bas-relief, de M. Chaudet; la statue à droite en entrant est de M. Rolland, et celle de la gauche est de M. Boizot.

(1) Cet orateur y fut inhumé le 2 avril 1791. Il mourut à l'âge de 42 ans. L'ouvrage qui commença la réputation de Mirabeau est son écrit sur les *Lettres de cachet*; il écrivit aussi successivement contre Beaumarchais, Calonne, la banque de Saint-Charles; mais l'ouvrage qui lui acquit le plus de célébrité dans la république des lettres, est celui qui a pour titre : *De la Monarchie Prussienne*.

On pourra juger du crédit qu'il avait obtenu dans cette assemblée par les honneurs qui lui furent rendus. il fut ordonné par un décret que les députés porteraient son deuil pendant huit jours. Rien n'égala la pompe funèbre de ce député, dont la perte parut alors une calamité publique.

Les seuls mausolées placés dans ce moment au Panthéon, sont ceux de J.-J. Rousseau (1), de Voltaire (2), et de Descartes (3).

———————————————————

L'assemblée nationale, le directoire du département, tous les ministres, la municipalité, les électeurs, les présidens, les commissaires des quarante-huit sections et plusieurs milliers d'habitans, vêtus de noir, formaient le cortége. Sur la route, toutes les croisées, les toits, les arbres, les bornes étaient illuminées : la cérémonie ne finit qu'après minuit ; les spectacles furent fermés. Ses funérailles furent acquittées par le trésor public. Dans les églises de toutes les communes de France on lui éleva des mausolées.

Deux ans après son corps fut retiré du Panthéon par un décret de la convention. Ainsi se sont réalisées sur ses cendres ces paroles qu'il avait prononcées à la tribune : *Il n'est qu'un pas du Capitole à la Roche Tarpéienne.*

(1) Jean-Jacques Rousseau mourut à Ermenonville dans la maison de campagne de M. de Girardin. Ce particulier lui avait fait élever un monument dans l'île des Peupliers qui fait partie de ses beaux jardins ; on y lisait cette inscription :

Ici repose l'homme de la nature et de la vérité.

HOTEL DES INVALIDES.

Cet édifice, dont l'entrée devait s'annoncer par ce vers de Virgile :

Hic manus, ob patriam pugnando vulnera passi.
En. Liv. 6.

fut projeté par Henri IV et bâti en 1671 par Louis XIV, qui, en fondant cet établissement, voulut donner un asyle assuré aux officiers et soldats que le grand âge ou les blessures mettaient hors d'état de continuer leur service.

« J'allai hier aux Invalides, dit le
» Persan de Montesquieu (voyez les

---

(2) Le corps de Voltaire fut retiré du convent de Sellières où l'avait fait déposer M. Mignot, son neveu, qui en était abbé, apporté en grande pompe à Paris en 1791, et placé au Panthéon.

(3) Descartes naquit à Lahaye en Touraine, et mourut à Stockholm en 1630.

» Lettres persannes); j'aimerais autant
» avoir fait cet établissement, si j'étais
» roi, que d'avoir gagné trois batailles:
» on y trouve par-tout la main d'un
» grand monarque; je crois que c'est
» le lieu le plus respectable de la terre.

» Quel spectacle de voir rassemblés
» dans un même lieu toutes ces victimes
» de la patrie, qui ne respirent que
» pour la défendre, et qui, se sentant
» le même cœur et non pas la même
» force, ne se plaignent que de l'im-
» puissance où elles sont de se sacrifier
» pour elle. »

Cinq cours uniformes, environnées de bâtimens, composent ce majestueux édifice, dont l'entrée est ornée de quatre statues de bronze (1) représentant les

---

(1) Ces esclaves enchaînés et formant un seul groupe, servaient d'empatement au piédestal du monument que le duc de la Feuillade avait fait ériger à Louis XIV sur la place des Victoires.

différentes nations dont la France a triomphé sous Louis XIV.

Le dôme, dont l'élévation est de 300 pieds, est environné à l'extérieur de quarante colonnes d'ordre composite. La première voûte, distribuée en dix-huit parties égales, offre les douze apôtres peints à fresque par Jouvenet ; la seconde, peinte par Lafosse, représente l'apothéose de Saint-Louis, offrant à Dieu son épée et sa couronne.

Le pavé est en compartimens de différens marbres.

Aux voûtes de ce temple sont suspendus les drapeaux pris sur les armées des différentes puissances avec lesquelles la France a été en guerre depuis la révolution.

Vadé, dans son style poissard, appelait le maréchal de Saxe le *tapissier de Notre-Dame* ; quelles expressions employerait-il aujourd'hui pour désigner cette foule de héros à qui nous sommes redevables de ces [...] ! Le gouvernement ne [...] à indiquer les triomphes de l'armée française par cette honorable exposition, il a cru devoir encore éterniser la mémoire des braves qui y ont le plus contribué, en faisant placer sur les deux côtés du maître-hôtel une table de marbre où sont inscrits les noms de ceux qui ont obtenu des sabres d'honneur pour prix de leur valeur.

L'intérieur de ce temple est orné des batailles du grand Condé, par Casanova, et de plusieurs autres tableaux précieux dont les sujets rappellent les époques les plus mémorables de la révolution française.

SAVOIR;

Le trait de Desilles dans l'affaire de Nancy, par Lebarbier;

Le dix août, par Hennequin;

Le dix-huit brumaire, par Callet.

On admire encore une tapisserie de Vander-Meulen, représentant le passage du Rhin par l'armée française en 1672.

Il est difficile de quitter un lieu qui rappelle de si glorieux souvenirs, sans jeter quelques fleurs sur la tombe du héros qui a le plus contribué à illustrer le siècle de Louis XIV.

Description du mausolée de Turenne.

L'Immortalité ayant une couronne radieuse sur la tête, et tenant d'une main une couronne de laurier, soutient de l'autre ce héros mourant qui la regarde comme la seule récompense à laquelle il ait aspiré. La Sagesse et la Valeur sont aussi dans des attitudes qui leur conviennent.

La dernière est dans la consternation et l'autre est étonnée du coup fatal qui enleva ce grand homme à la France (1).

Au bas de ce mausolée, exécuté par Tuley sur les dessins de Lebrun, est un

---

(1) Turenne périt en 1675, un mois après la célèbre bataille qui s'engagea entre les Français et les Impériaux. Cette bataille, au rapport du chevalier Folard, fut le chef-d'œuvre de Turenne et de Montécuculli.

On fit apporter le corps de Turenne, de l'Alsace où il était, en l'abbaye de Saint-Denis, lieu destiné alors à la sépulture des rois.

Les peuples consternés arrivaient de tous les environs sur le chemin par où le corps devait passer. Les habitans de Langres prirent le deuil à son arrivée.

Les Allemands avaient un tel respect pour la mémoire de ce grand capitaine, que pendant plusieurs années ils laissèrent en friche l'endroit où il fut tué. Les habitans montraient ce terrain comme un lieu sacré. Ils respectèrent le vieux arbre sous lequel il se reposa peu de tems avant sa mort, et ne voulurent point le laisser couper. L'arbre n'a péri que parce que les soldats de toutes les nations en détachèrent des morceaux.

bas-relief représentant la fameuse bataille de Turkheim.

Les objets qui peuvent encore satisfaire la curiosité des étrangers dans cette immense maison, sont :

La bibliothèque dans l'intérieur de laquelle se trouve placé un des meilleurs tableaux de David, représentant Bonaparte franchissant le sommet du Saint-Bernard ; l'horloge à équation de Lepautre ; les cuisines.

Les quatre grands réfectoires ornés de peintures à fresque représentant les victoires de Louis XIV.

En quittant l'hôtel des Invalides, on trouve sur la place une fontaine nouvellement construite, au-dessus de laquelle on a posé le lion de St.-Marc, qui a été apporté de Venise.

ECOLE MILITAIRE.

Cet établissement, érigé en 1751, sur les dessins de M. Gabriel, fut fondé pour l'éducation des jeunes gens de famille noble qui se destinaient à la profession militaire (1).

Cet édifice, qui est aujourd'hui occupé par un corps de cavalerie, est re-

---

(1) Pendant plusieurs années, Paris fut la seule ville qui offrit une école de ce genre; mais M. de Saint-Germain, ministre de la guerre, voulant apporter de l'économie dans toutes les parties de son administration, avait jugé à propos de répartir les jeunes élèves de cette école dans les provinces, où ils coûteraient moins à l'état. L'éducation fut confiée à des colléges dirigés par des oratoriens, des minimes, des bénédictins, auxquels le roi payait des pensions pour ces individus.

Cette école est aujourd'hui remplacée par l'école militaire spéciale, établie à Fontainebleau.

(Voyez chapitre *Instruction publique*.)

gardé à juste titre comme un des beaux monumens du dernier siècle.

En face de cet édifice est le Champ-de-Mars (1), destiné dans son origine aux exercices de l'école.

On ne peut traverser ce vaste emplacement sans se rappeler cette époque à jamais mémorable où soixante mille individus de toutes les classes, de tout âge et de tout sexe, creusèrent cette arène qui forme un cirque de quatre cent toises, capable de contenir trois cent mille spectateurs.

---

(1) On donnait le nom de Champ-de-Mars dans le premier établissement de la monarchie française, aux assemblées générales du peuple, que les rois convoquaient tous les ans pour y faire de nouvelles lois ou de nouveaux réglemens, pour recevoir les plaintes de leurs sujets, pour décider les grands différens des princes et des seigneurs de la cour, et pour faire une revue de toute la milice.

Ces assemblées se convoquaient au mois de mars.

« Dans un espace immense, rempli de citoyens, dit l'auteur du nouveau tableau de Paris, en rendant compte de ces travaux, s'offraient tout-à-la-fois les scènes les plus variées ; ici les soldats s'attendrissaient à la vue de leur général (M. de Lafayette) qui venait prendre part au travail de ses concitoyens ; là c'étaient des acclamations et des cris de joie à l'arrivée de la maison du roi ; plus bas c'était une musique militaire qui annonçait les suisses, ces enfans de la liberté, qui venaient partager la fête avec leurs anciens amis et alliés. A côté des garçons jardiniers, distingués par des fleurs et des laitues attachées à leurs instrumens, étaient les élèves de peinture qu'annonçait une bannière représentant la France, etc. »

L'époque dont nous parlons est celle du 14 juillet 1790, où fut célébrée la plus solemnelle des fédérations ; c'est dans ce même Champ-de-Mars qu'on publia pour la première fois la loi martiale. La sévérité que M. Bailly, alors maire de Paris, fut obligé de déployer dans cette circonstance, servit dans la suite de prétexte au tribunal révolutionnaire pour condamner à la mort cet intègre magistrat. On eut la barbarie, lors de son exécution, de l'amener de la place de la révolution dans ce même lieu, et de monter et remonter l'instrument de mort en sa présence. Il fut pendant tout ce tems exposé aux insultes d'une populace effrénée.

Le Champ-de-Mars, sous le directoire exécutif, fut spécialement destiné à la célébration des fêtes nationales.

LE VAL-DE-GRACE.

Anne d'Autriche, épouse de Louis XIII, devenue régente du royaume, et se trouvant maîtresse des finances, voulut donner des marques éclatantes de son affection pour ce monastère, et accomplir en même tems le vœu qu'elle avait fait d'élever un temple magnifique, en action de graces d'avoir eu un fils après vingt-deux ans de stérilité : ce fut Louis XIV, dont la naissance inespérée comblait de joie toute la France, qui posa, le 1er. avril 1645, la première pierre de ce superbe édifice, commencé sur les dessins du célèbre Mansard, et achevé plusieurs années après par d'autres architectes.

La coupe du dôme est due à Pierre Mignard. C'est le plus grand morceau à fresque que nous ayons. Il est composé d'environ deux cents figures. L'intention du peintre a été de rendre sensible *ce que l'œil n'a point vu, et ce que l'oreille n'a point entendu.* Il y est parvenu par un commentaire ingénieux, sur ce que l'Écriture dit de la gloire dont les saints jouissent dans le ciel.

C'est dans l'église du Val-de-Grace, aujourd'hui convertie en hospice militaire, qu'étaient déposés jadis les cœurs des princes et princesses de la famille royale.

PALAIS DES ARTS,

Ci-devant Collége Mazarin ou des Quatre-Nations.

Cet édifice, aujourd'hui occupé par es artistes qui avaient leur logement au Louvre, porta jusqu'en 1790 le nom de collége Mazarin ou collége des Quatre-Nations, parce que le cardinal Mazarin, qui le fonda en 1681, y avait établi des pensions gratuites pour de jeunes gentilshommes de quatre nations différentes; savoir d'Italie, d'Alsace, de Flandres et de Roussillon.

Le dôme de l'église, outre la beauté de ses proportions, est remarquable par cette singularité de l'artiste, d'en avoir rendu l'intérieur elliptique, quoique l'extérieur soit sphérique : ce dôme semble avoir été calculé pour produire un merveilleux effet de perspective, du milieu de la grande cour du Louvre, d'où on l'aperçoit par la grande arcade du côté de la rivière.

La bibliothèque occupe le pavillon à gauche.

(Voyez chapitre, *Instruction publique*.)

N. B. On voit dans l'intérieur du Palais des arts, la précieuse collection des plus beaux ornemens antiques d'architecture, formée avec tant de soins par

M. Dufourny, pendant un séjour de treize années en Italie.

HOTEL DES MONNAIES.

Cet édifice, élevé sur les dessins de M. Antoine, est un des plus beaux monumens d'architecture qui aient été construits sous le règne de Louis XV.

Les artistes admirent le vestibule, l'escalier, la principale cour, les salles du monnayage et de la collection des minéraux; ils vantent la magnificence de l'ensemble, et la sage économie des détails.

On voit dans cet hôtel le cabinet de minéralogie de M. Sage, que ce savant a formé à ses frais pour servir à l'instruction des élèves; cette collection est admirable tant par sa richesse que par le bel ordre qui y règne.

On entre à ce cabinet tous les jours depuis 9 h. du matin jusqu'à 2 h. après-midi, excepté les dimanches.

(Voyez chapitre, *Instruction publique*.)

LA SORBONNE,

Musée des Artistes.

Cet édifice, occupé aujourd'hui, ainsi que le collége Mazarin, par les artistes qui avaient leur logement au Louvre, est encore remarquable par le portail de l'église. Il est difficile de passer devant la Sorbonne, sans songer à l'influence que ce corps exerça pendant plusieurs siècles. (1)

---

(1) Au 14e. siècle la réputation de la Sorbonne était si grande qu'elle était consultée tant sur les intérêts de l'Etat que sur des matières de religion, par les rois de France, les souverains étrangers, le pape même.

Elle avait entrée dans les assemblées où on délibérait sur les affaires publiques; elle jouissait encore de ce droit à la fin du 16e. siècle. Sa faculté de théologie avait des députés dans le concile.

(*Mézerai*, vol. XI, pag. 37.)

La Sorbonne, qui était devenue, selon Mézerai, le conseil perpétuel des Gaules, l'aréopage de l'église, n'était dans l'origine qu'une communauté de pauvres écoliers, nommés les pauvres maîtres, établis par Robert Sorbon, confesseur de S.-Louis; elle acquit le plus haut degré d'illustration sous le ministère de Richelieu, qui, après avoir fait reconstruire cette maison avec une magnificence vraiment royale, choisit cette demeure pour sa sépulture (1). Ce ministre était loin de prévoir alors que ce lieu, qui retentit si long-tems de disputes théologiques (2), serait converti

---

(1) Le mausolée du cardinal de Richelieu, l'un des plus beaux morceaux de sculpture qui aient été exécutés par Girardon, a été transféré, depuis la révolution, au Musée des monumens français.

(2) Un jour que Casaubon, bibliothécaire de Henri IV, entrait dans une des salles de la Sorbonne, on lui dit : Voilà une salle où l'on dispute

un jour en un vaste atelier consacré aux beaux arts.

ECOLE DE CHIRURGIE.

Cet édifice, dont Louis XVI posa la première pierre le 14 décembre 1774, fut construit sur les dessins de l'architecte Gondoin. Il est consacré à l'instruction des jeunes gens qui se destinent à la profession de médecin ou à celle de chirurgien.

La façade offre sur la rue un péristile d'ordre ionique antique, à quatre rangs de colonnes, sur trente-trois toises de face, qui supporte un attique contenant la bibliothèque et le cabinet d'anatomie.

Au-dessus de ce péristile est un bas-

---

depuis 400 ans. Eh bien! répondit-il, qu'est-ce qu'on y a décidé?

relief, sculpté par Berruer, où l'on a représenté Louis XV, accompagné de Minerve et de la Générosité, accordant des graces et des priviléges à la chirurgie, qui a à ses côtés la Prudence et la Vigilance. Le génie des arts présente au roi le plan des écoles; le reste du bas-relief est occupé par plusieurs groupes de malades.

L'amphithéâtre est capable de contenir 1200 personnes. On y voit cinq médaillons, offrant les portraits de Paré, Pitard, la Peyronie, (1) Mareschal et Petit.

La société de médecine (2), instituée

---

(1) On doit à M. *de la Peyronie* la fondation d'une académie royale de chirurgie, créée en 1731.

(2) L'école de la faculté de médecine fut établie en 1472 : elle était située rue de la Bucherie.

Sous le règne de François Ier., les dissections

par arrêté des consuls pour continuer les travaux de la ci-devant Société-Royale de médecine et de l'académie de chirurgie, tient ses séances dans cette école les jeudi de quinzaine en quinzaine.

En face de cet édifice on voyait, il y a quelques années, le couvent des Cordeliers, dont l'église (1) fut pendant plusieurs années destinée aux séances du trop fameux club des Cordeliers.

Sur l'emplacement de ce couvent on doit construire une fontaine.

---

passaient pour un sacrilége; avant l'an 1537, il n'y avait point de docteurs en médecine de mariés.

(1) C'est dans cette église, qui fut rasée par ordre de la convention nationale, quelque tems après le 9 thermidor an 2, que se fit l'apothéose du folliculaire Marat.

L'OBSERVATOIRE.

Les quatre faces de cet édifice, qui fut terminé en 1667, sur les dessins de Claude Perrault, répondent aux quatre points cardinaux. On n'a employé ni fer ni bois dans sa construction; l'on monte par un escalier fort hardi sur la plate-forme qui couronne l'édifice.

Sur le pavé du premier étage de la tour occidentale, on voit une carte géographique ou planisphère terrestre, tracé avec toute la précision possible sous la direction de M. Cassini. Ce planisphère a vingt-sept pieds de diamètre.

On trouve la salle des Secrets, ainsi appelée parce qu'une personne parlant tout bas près d'un des murs de cette chambre, se fait entendre à une autre qui est près du mur opposé, sans que ceux qui sont au milieu de cette chambre entendent rien de ce qu'ils se disent.

(Effet produit par la courbure de la voûte.)

Les caves, dans lesquelles on descend par 360 marches, sont profondes ; l'escalier est en vis, et suspendu par le milieu où il est vide. Ce vide, en manière de noyau, perce toutes les voûtes, par le moyen des ouvertures rondes d'environ trois pieds de diamètre. Les centres de ces ouvertures étant à plomb sur le centre du vide de l'escalier, forment une espèce de puits de 28 toises, du fond duquel on peut voir la lumière.

Cette ouverture sert encore à observer les degrés d'accélération de la chûte et descente des corps en l'air, et à la vérification des baromètres, de plus de 80 pieds de longueur, tant avec le mercure seul, qu'avec l'eau seule, etc. On a pratiqué dans ces carrières des chambres pour éprouver si les grains et les fruits pourraient s'y conserver, et pour connaître les différentes qualités de l'air enfermé et de l'air libre. On y a fait aussi une infinité d'expériences pour découvrir les divers effets que produisent les différens degrés de l'humide, du sec, du chaud et du froid; il y a des endroits dans une cave où l'eau se pétrifie (1).

A cet établissement est attachée une bibliothèque publique pour l'astronomie, ainsi que le bureau des longitudes chargé de perfectionner les tables astronomiques.

LE GARDE-MEUBLE.

Cet édifice, construit en même tems, que la place de la Concorde (ci-devant Louis XV), peut rivaliser avec les mo-

---

(1) On communique par ces souterrains ux nombreuses rues pratiquées dans les carrières qui règnent sous ce quartier ; l'on peut aller jusqu'à la rivière, et à plus d'une lieue aux environs.

numens les plus parfaits qu'offre l'architecture du dix-huitième siècle. C'est dans l'intérieur de ce bâtiment, occupé aujourd'hui par le ministre de la marine et des colonies, qu'étaient déposés, avant la révolution, les précieux meubles de la couronne.

L'HOTEL-DE-VILLE.

Cet édifice, qui n'est remarquable que par son antiquité (1) et par les événe-

---

(1) Il fut commencé sous François Ier. en 1533, sur les dessins d'un italien nommé *Corlonne*, et ne fut achevé qu'en 1605 sous le règne d'Henri IV: c'est-là que siégeaient le corps-de-ville et le prévôt des marchands.

Les inscriptions trouvées au mois de mars 1711, en creusant sous le chœur de Notre-Dame, apprennent que sous le règne de Tibère, la compagnie des Nautes (c'étaient d'honorables citoyens unis et associés pour faire le commerce par eau) éleva un autel à Esus, à Jupiter, à Vulcain, à Castor et à Pollux; il est naturel de

mens mémorables dont il a été le théâtre jusqu'au 9 thermidor an 2, époque à laquelle la convention nationale cassa la municipalité de Paris, est maintenant occupé par le préfet de la Seine et les bureaux de la préfecture.

C'est dans la salle d'audience de l'Hôtel-de-Ville, que Robespierre se réfugia avec une partie des conjurés, lors de la séance mémorable où son arrestation fut décrétée.

L'horloge placé dans cet édifice est un des meilleurs ouvrages de Lepautre.

---

présumer que les *mercatores aquæ parisiaci*, dont il est parlé sous les règnes de Louis-le-Gros et Louis-le-Jeune, avaient succédé, sous un autre nom, à ces anciens commerçans, et qu'il ne faut point chercher ailleurs l'origine du corps municipal, connu depuis sous le nom de l'*Hôtel-de-Ville de Paris*.

HOTELS
ET MAISONS DE PARTICULIERS.

Outre les édifices publics que nous venons de citer, Paris renferme une infinité d'hôtels et de maisons appartenant à différens particuliers dont l'architecture mérite de fixer l'attention des curieux ; de ce nombre sont l'hôtel de Soubise (1), rue de Paradis, au Marais, bâti d'après les dessins de Lemaire, et qui a toute la magnificence d'un palais.

L'hôtel de Mesmes, rue Ste.-Avoie. (2)

L'hôtel de Toulouse, en face la place des Victoires, bâti sur les dessins de Mansard, et dont la porte d'entrée est

---

(1) François de Rohan-Soubise acheta en 1695, l'hôtel de Guise, et y fit de nombreux embellissemens ; entre autres le péristile de colonnes confilées autour de la cour.

(2) C'est dans cet hôtel que Law établit la banque générale, dont les billets causèrent la ruine de tant de familles.

regardée comme un très-beau morceau d'architecture ; il est occupé par l'imprimerie impériale.

L'hôtel de Beauveau, rue Saint-Honoré, construit sur les dessins de M. Louis.

L'hôtel de Biron, rue de Varenne, faubourg Saint-Germain.

L'hôtel de Salm, au coin de la rue de Belle-Chasse, par M. Rousseau.

L'hôtel de l'Infantado, rue Saint-Florentin, bâti sur les dessins de M. Chalgrin.

L'hôtel du duc d'Orléans père, rue de Provence, bâti sur les dessins de M. Brogniart.

La cour Batave, construite sur les dessins de M. Lappe.

L'hôtel Thélusson, rue Cérutti.

L'hôtel Sully, ci-devant hôtel Turgot, rue Saint-Antoine, bâti sur l'emplacement du palais des Tournelles, le même qu'habita le duc de Belfort, régent pendant la minorité du prétendu roi Henri VI.

L'hôtel de Brunoi, aux Champs-Elysées, construit sur les dessins de M. Boulée.

L'hôtel Baujon, par M. Malet.

Celui de Beaumarchais, porte Saint-Antoine, construit sur les dessins de M. Lemoine.

Enfin celui de M. Perregaux, sénateur et banquier, rue du Mont-Blanc.

Cette maison, construite sur les dessins de M. Ledoux, pour mademoiselle Guymard, célèbre actrice de l'Opéra, est un chef-d'œuvre de goût; elle représente un temple à Terpsichore, décoré de quatre colonnes et des groupes isolés de la danse, couronnés par Apollon.

CHAPITRE II.

ANTIQUITÉS.

LIEUX MÉMORABLES PAR LEUR ANTIQUITÉ.

Le Palais des Thermes.

On voit encore, rue de la Harpe, près celle des Mathurins, dans une maison, à l'enseigne de la Croix-de-Fer, les débris d'une salle voûtée assez vaste, qui est un reste de l'ancien palais des Thermes, bâti sur le modèle des bains de Dioclétien, à Rome. On croit que c'était la salle de bain de l'empereur Julien, qui commandait dans les Gaules en 357, et qui fut proclamé empereur à Paris. Ce fut la demeure des rois de la première race; Charlemagne y relégua ses deux filles, accusées d'inconduite.

Au-dessus de la voûte est un jardin qui communique à l'hôtel de Clugny, dont l'entrée est par la rue des Mathurins, édifice construit en 1505.

Hôtel de Sens, rue des Barres.

Il fut bâti en 1518 par Tristan-Sallazar, archevêque de Sens.

Saint-Jean de Latran.

Ancienne commanderie de l'ordre de Malte. On place sa fondation vers l'année 1171. On y remarque une vieille tour qui servait jadis aux pélerins de Jérusalem.

La maison du chanoine Fulbert.

Elle est située cloître Notre-Dame; on croit que c'est dans cette enceinte que ce chanoine, oncle d'Héloyse, exerça une cruelle vengeance sur Abeilard ; on voit encore sur la muraille deux anciens médaillons sculptés, représentant ces deux infortunés amans.

La Tour de St.-Jacques la Boucherie.

L'église ayant été démolie dans ces derniers tems pour en faire une place, on en a conservé la tour, remarquable en ce qu'elle est la plus élevée de Paris. Cette tour fut commencée en 1349 par le roi Jean-le-Bon, et ne fut finie qu'en 1525; elle sert maintenant à fabriquer du plomb de chasse par un nouveau procédé qui consiste à laisser tomber le plomb goute à goute, d'une très-grande hauteur.

La Sainte-Chapelle (1).

Cette église, remarquable par son

---

(1) La Sainte-Chapelle devint célèbre en Europe par le Lutrin de Boileau : ce poëte y fut en-

architecture gothique, et aujourd'hui destinée à servir de dépôt aux archives judiciaires, fut construite en 1242 par les soins de Saint-Louis, pour la conservation des reliques qu'il avait retirées des mains des Vénitiens.

Il existe aujourd'hui peu des vitraux, dont les peintures excitaient, il y a quelques années, l'attention des curieux par leur éclat et par les sujets tirés de l'histoire de l'ancien et du nouveau testamens.

Carmélites. (Emplacement des)

La duchesse de la Vallière, maîtresse de Louis XIV, entra dans ce couvent

---

terré. On y conservait le chef de St.-Louis renfermé dans un superbe reliquaire d'or, qui fut apporté de l'abbaye de St.-Denis en 1206. Jusqu'à Charles V, les rois de France montraient eux-mêmes ces reliques au peuple le Vendredi Saint.

au mois de mai 1674, et y prononça ses vœux. A l'exception du roi et de madame de Montespan, toute la cour se rendit aux Carmélites et voulut assister à cette cérémonie solennelle, dont Bossuet immortalisa le souvenir par le plus éloquent discours.

Elle vécut 30 ans dans ce monastère.

On admirait dans une des chapelles, son portrait, sous la figure d'une Madeleine, peint par Lebrun. Ce chef-d'œuvre d'expression est maintenant au Musée de Versailles.

CHAPITRE III.

EGLISES.

CULTE CATHOLIQUE.

On comptait avant la révolution quarante-six églises paroissiales, et vingt autres qui en remplissaient les fonctions. Depuis le nouveau concordat (1), elles sont réduites au nombre de douze.

Notre-Dame, métropole ;

---

(1) Il est à remarquer que ce concordat fut arrêté entre le gouvernement français et sa Sainteté Pie VII, dans les mêmes circonstances où fut signé, il y a environ trois siècles, celui entre deux hommes auxquels les lettres et les arts durent leur renaissance, et l'aurore des beaux jours qui depuis l'ont éclairée, je veux dire François Ier. et Léon X.

Les premiers fondemens de l'ancien concordat furent jetés à la suite de la bataille de Marignan ; le nouveau concordat fut, comme l'ancien, le fruit d'une victoire mémorable et prodigieuse, la bataille de Marengo.

Saint-Roch ;
Saint-Germain-l'Auxerrois ;
Saint-Eustache ;
Saint-Nicolas-des-Champs ;
Saint-Méry ;
Saint-Sulpice ;
Saint-Thomas-d'Acquin ;
Saint-Etienne-du-Mont ;
Saint-Laurent ;
Saint-Gervais ;
Saint-Philippe-du-Roule ;

Il y a par chaque arrondissement métropolitain, et sous le nom de séminaire, une maison d'instruction pour ceux qui se destinent à l'état ecclésiastique.

On y enseigne la morale, le dogme, l'histoire ecclésiastique et les maximes de l'église gallicane ; on y donne les règles de l'éloquence sacrée. (1)

---

(1) On ne peut être nommé évêque, vicaire-général, chanoine ou curé de première classe, sans

NOTRE-DAME,

Église Métropolitaine.

Les curiosités de cette église sont : le portail, dont les sculptures anciennes sont remarquables par des emblêmes singuliers. (1)

La chaire épiscopale, et les stalles qui offrent des bas-reliefs très-délicatement sculptés, représentent des sujets tirés de la vie de la Sainte-Vierge, et du nouveau testament. Toute cette sculpture est de Goulon, l'un des plus fameux sculpteurs en bois.

On a rétabli à leur ancienne place une partie des tableaux qui en avaient été retirés pendant la révolution. Les

---

avoir soutenu un exercice public, et rapporté un certificat de capacité sur tous les objets énoncés ci-dessus.

(1) On y voit Saint-Michel pesant les âmes dans une balance, et le diable en embuscade qui cherche à se saisir de quelques-unes.

autres ont été transférés au Musée de l'école spéciale à Versailles.

C'est à cette même église que la convention nationale substitua, en l'an 2, la dénomination de *Temple de la Raison*.

C'est près de l'église Notre-Dame, qu'Abeilard (1) tenait son école en 1095.

---

(1) L'histoire ancienne et moderne n'offre aucun exemple d'une réputation semblable à celle d'Abeilard. Aucun homme n'a compté autant d'auditeurs pris dans un si grand nombre de nations différentes ; on venait à ses leçons de l'Angleterre, de la Suède, de l'Allemagne, de Rome, des bords de l'Ebre, etc. Ses élèves sacrifiaient au plaisir de l'entendre toutes les commodités de la vie : difficultés de chemins, périls sur les routes, rien ne les arrêtait ; souvent le lieu où ils refluaient n'avaient ni assez d'espace pour les contenir, ni assez de vivres pour les nourrir. Parmi les disciples du seul Abeilard, on compte, dit Crévier, vingt cardinaux et plus de cinquante évêques ou archevêques. Pierre Lombard fut un de ses disciples ; et à cette époque, d'après le

SAINT-SULPICE.

Cette église, d'un moins beau style que son portail, fut commencée en 1646, interrompue en 1678, et reprise en 1718. Le grand portail (1), élevé sur les dessins de Servandoni, peintre et architecte florentin, fut commencé en 1733, et il n'est pas encore entièrement terminé; quand une des deux tours qui devaient le couronner fut faite, on ne la trouva point analogue à la magni-

---

cardinal de Vitry, il y avait à Paris des étudians de douze nations différentes. (On ne doit toutefois pas entendre par le mot nations uniquement des nations étrangères; on le donnait aussi aux habitans des différentes provinces de la France, aux gascons, aux poitevins, etc.)

(1) Grace aux soins du gouvernement, la belle façade de cette église ne se trouve plus masquée par le séminaire qui en portait le nom. La démolition de cet édifice a eu lieu en l'an XI.

ficence de cette façade, et l'on construisit l'autre tour sur un très-beau dessin, en lui donnant cinq pieds d'élévation de plus, ce qui fait 225 pieds de hauteur totale. La première devait être reconstruite sur le même dessin.

Le portail, qui est du côté de la rue des Fossoyeurs, est décoré de deux ordres de colonnes, l'un dorique, l'autre ionique; les deux niches sont remplies par des statues, l'un représentant S.-Jean, et l'autre S.-Joseph.

La chapelle de la Vierge attire les regards par les ornemens de peinture et de sculpture qui y sont prodigués. Les peintures de la voûte sont à fresque et de l'ouvrage de François Lemoine. Il a représenté la Vierge, assise sur un nuage, avec S.-Pierre d'un côté, et de l'autre S.-Sulpice, patron de cette paroisse; la Sainte-Vierge est environnée d'anges, dont les uns portent les attributs qui lui conviennent, pendant que d'autres forment un concert de voix et d'instrumens, pour célébrer son assomption; aux côtés de ce grand tableau, on voit à droite les pères de l'église et les chefs d'ordre qui ont parlé dans leurs écrits des grandeurs de Marie, et au côté gauche sont les vierges qui se sont mises sous sa protection, auxquelles un ange distribue des palmes. Le grand bas-relief de bronze doré, qui représente les nôces de Cana, et généralement toute la sculpture de cette chapelle, sont l'ouvrage de Slodts.

On remarque encore le buffet d'orgue.

SAINT-EUSTACHE.

Avant la révolution, on admirait dans cette église l'œuvre, exécutée par Lepautre, ainsi que le sarcophage de marbre noir du ministre Colbert. On a transféré ce chef-d'œuvre de Coizevox et de Tuby au Musée des monumens français.

SAINT-GERMAIN-L'AUXERROIS.

Cette église, qui date du VIe. siècle, était une de celles qui, dans les premiers jours de la monarchie, avaient le droit d'asyle (1).

---

(1) Sous la première race de nos rois, le droit d'asyle dans les églises était un droit très-sacré, dont les conciles des Gaules recommandaient fort l'observation ; il s'étendait jusqu'au parvis des églises et aux maisons des évêques, ainsi qu'à tous les lieux renfermés dans leurs enceintes. Cette extension s'était faite pour ne pas obliger les réfugiés à demeurer toujours dans l'église, où plusieurs choses nécessaires à la vie, comme de dormir et de manger, n'eussent pu se faire avec bienséance. Ils avaient la permission de faire venir des vivres ; et ç'aurait été violer l'immunité ecclésiastique que de l'empêcher. On ne pouvait les tirer ou les obliger à sortir de là sans une assurance juridique de la vie et de la rémission entière du crime qu'ils avaient commis,

Quiconque pouvait alors se réfugier dans une église se trouvait à l'abri de toute insulte, et même les criminels y étaient à couvert contre les entreprises de ceux qui avaient la charge de les arrêter. Il fallait attendre qu'ils sortissent de cet asyle.

SAINT-ROCH.

On admire dans cette église le percé qui dévoile d'un seul coup-d'œil l'autel du chœur, celui de la Vierge, celui de la communion, celui du calvaire. Cette dernière chapelle, qui termine l'église,

---

et ils n'étaient sujets à aucune peine. L'asyle le plus respecté de tout l'empire français était l'église de Saint-Martin, aux portes de Tours; on n'aurait osé le forcer sans se rendre coupable d'un sacrilége très-scandaleux. Ces lieux de franchise subsistent encore dans presque toute l'Italie et l'Espagne.

mérite de fixer l'attention : on y voit J.-C. crucifié et la Madeleine éplorée au pied de la croix.

Les bas-reliefs, placés au-dessus des autels qui se trouvent dans la grande nef, et représentant les plus grands mystères de la religion catholique, l'incarnation et la mort de J.-C., ont été exécutés en 1753 par MM. Falcon et Costou.

La chaire a été construite sur les dessins de M. Challe. Le dessus, appelé l'abbat-voix, est fermé par un rideau qui représente le voile de l'erreur. Il est levé par un génie céleste, symbole de la vérité.

SAINT-ÉTIENNE-DU-MONT.

Cette église, qui date du XIIe. siècle, est remarquable par son architecture gothique. Les vitraux du cimetière méritent de fixer l'attention des curieux.

Parmi ces vitraux, on ne peut se lasser d'admirer celui qui représente l'audace de Nabuchodonosor qui, voulant faire adorer par les israëlites la statue d'or qu'il s'était fait élever, irrité de la courageuse résistance des compagnons de Daniel, qu'il avait fait conduire captifs à Babylone, les fit jeter vivans dans une fournaise ardente, d'où, selon l'Ecriture sainte, ils sortirent sains et saufs. Les deux suivans, dont l'un représente le défi du prophète Elie aux prophètes de Baal ; l'autre, les premiers ministres de l'église, les empereurs, les rois, tous les peuples de la terre adorant J.-C. élevé en croix, figuré dans la partie supérieure par le serpent d'airain, sont, comme le précédent, d'une beauté admirable.

On les attribue à Nicolas Pinaigrier, peintre sur verre.

SAINT-GERVAIS.

Le portail de cette église, à la restauration duquel on travaille en ce moment, est un des plus beaux morceaux d'architecture du XVIe. siècle. Ce portail, construit sur les dessins de Jacques Desbrosses, est composé de trois ordres l'un sur l'autre, et disposés suivant l'usage observé par les anciens architectes, c'est-à-dire que l'ordre ionique est mis sur le dorique et le corinthien sur l'ionique.

SAINT-PHILIPPE DU ROULE.

Cette église a été construite en 1722 sur les dessins de M. Chalgrin.

RELIGION RÉFORMÉE.

Ce culte, admis par la constitution, a deux temples ; le premier à Saint-

Louis-du-Louvre, et l'autre à l'église de Sainte-Marie, rue Saint-Antoine.

Les Luthériens.

Ils sont en petit nombre ; ils ont des temples chez les ambassadeurs des différentes puissances où cette religion est établie, comme chez le ministre de Danemarck, rue Saint-Dominique, faubourg Saint-Germain.

Les Juifs.

Ils ont trois synagogues ; la plupart demeurent dans le quartier du Temple.

CHAPITRE IV.

PLACES PUBLIQUES, HALLES ET MARCHÉS.

PLACE DU CARROUSEL.

Cette place a pris son nom du fameux carrousel que Louis XIV y donna en 1622(1). Elle a été agrandie en l'an IX et l'an X par la démolition à gauche, en faisant face au château, d'une partie de maisons, parmi lesquelles on distin-

---

(1) Ces brillantes fêtes, composées de tournois, données par Louis XIV, avaient pour objet, (selon Mad^e. de Genlis,) de la part du monarque, de gagner le cœur de Mad^e. de la Vallière : on y fit figurer quatre nations, notamment la nation turque, dont le costume tout-à-fait idéal offrait des ailes, comme elle était placée aux angles. Cet immense carré s'appelait *carré aux ailes*, on prononça dans la suite, par corruption, *Car-ouz-elle*.

guait l'hôtel de Coigny; à droite, de plusieurs autres maisons qui se prolongeaient dans la rue Saint-Nicaise, et qui formaient une enceinte qu'on appelait le petit Carrousel, où se trouvaient l'hôtel de la Vallière, l'hôtel de Brionne et autres. Au moyen de la démolition de ces maisons, la rue du Carrousel et la place du petit Carrousel ont disparu.

PLACE DES VICTOIRES.

Cette place, de forme ovale, fut construite en 1686, sur les dessins de Mansard, aux frais de François d'Aubusson, duc de la Feuillade.

On voyait sur cette place, avant la révolution, la statue pédestre de Louis XIV avec les habits de son sacre, foulant aux pieds un cerbère, symbole de la triple alliance dont il avait triomphé, et derrière lui la statue de la Victoire, qui posait d'une main une couronne de laurier sur la tête du vainqueur, et tenait de l'autre un faisceau de palmes et de branches d'olivier. Aux quatre coins étaient quatre esclaves (1) de bronze, enchaînés et assis sur des trophées, qui désignaient les nations dont la France avait triomphé.

Le projet du Gouvernement est d'y faire ériger un monument à la mémoire des généraux Desaix et Kléber, le premier, mort au champ d'honneur, le second, assassiné en Egypte par un janissaire.

La première pierre de ce monument a été posée par le préfet de la Seine, le 14 juillet an XI.

PLACE VENDÔME.

Cette place, élevée, d'après les dessins de Mansard, sur les débris de l'hôtel

---

(1) Ces esclaves ornent dans ce moment l'entrée de l'Hôtel des Invalides.

Vendôme, et commencée en 1699, ne fut achevée qu'en 1715.

On y voyait, avant la révolution, la statue équestre de Louis XIV, fondue par le célèbre Keller.

Au centre de cette place on doit élever une colonne à l'instar de celle érigée à Rome, en l'honneur de Trajan. Son fût sera orné, dans son contour, de 108 figures allégoriques en bronze, ayant chacune 97 centimètres de proportion, et représentant les départemens. La colonne sera surmontée d'un piédestal sur lequel sera élevée la statue pédestre de Charlemagne.

PLACE DE LA BASTILLE. (1)

Cette place, qui n'est encore que projetée, doit être de forme circulaire;

---

(1) La Bastille était une prison d'Etat, composée de huit grosses tours rondes jointes l'une à l'autre par des massifs de même hauteur. Plusieurs

au milieu sera construit un bassin de même forme, orné à son pourtour d'une double rangée d'arbres.

___

hommes célèbres, tels que Voltaire, Diderot, Linguet, etc., ont habité ce séjour : c'est-là que mourut l'homme au masque de fer, dont le nom et la naissance ont donné lieu à tant de conjectures. Comme cette forteresse était principalement employée aux actes arbitraires, ce fut par elle que commença la vengeance populaire qui la renversa au fameux 14 juillet 1789.

La première pierre en fut posée sous Charles V en 1370.

En 1588, le duc de Guise s'étant rendu maître de Paris, et s'étant emparé, le 13 mai, de la Bastille et de l'Arsenal, en fit capitaine *Bussi-Leclerc*, procureur au parlement.

Le duc de Guise mourut le 23 décembre, tout Paris était en combustion : le parlement fut insulté d'une manière dont on n'avait pas encore vu d'exemple. *Bussi-Leclerc* alla à main-armée au palais, dans le tems que les chambres assemblées délibéraient pour faire une députation au roi; il demanda que la cour déclarât que, *conformément au décret de la faculté de Paris*, les Fran-

L'entrée de la rue du faubourg S.-Antoine sera reportée de l'ouest au sud-ouest de sa position actuelle, afin de rectifier le contour qu'elle forme à son ouverture, et de la faire arriver symétriquement sur la place, en face de la rue S.-Antoine, avec laquelle elle ne formera qu'une seule et même rue.

PLACE DESAIX.

Cette place, qui a porté successivement les noms de *Place Dauphine* et *Place*

çais étaient délivrés du serment de fidélité et d'obéissance envers le roi, et que l'on ne mît plus son nom dans les arrêts; il se retira pour laisser ces messieurs délibérer sur sa requête.

Mais étant rentré, un moment après, avec sa troupe, le pistolet à la main, il ordonna à l'assemblée, composée de plus de soixante tant présidens que conseillers, de le suivre; il les conduisit à la Bastille, tous en robe et bonnet carré; il les y fit jeûner au pain et à l'eau, pour les obliger à se racheter plutôt de ses mains. Voilà pourquoi on l'appelait *le grand pénitencier du parlement*.

Thionville, doit sa nouvelle dénomination au héros à qui le Gouvernement vient d'y faire élever une statue.

Ce monument, exécuté en l'an XI, sur les dessins de M. Percier, représente la France militaire, couronnant la figure termale du général Desaix : sur le devant du piédestal, on lit le nom de ce guerrier, gravé en lettres d'or ; il est entouré d'une couronne de chêne, et au-dessous on lit ses dernières paroles : « *Allez dire au premier consul que je meurs avec le regret de n'avoir pas assez fait pour vivre dans la postérité* ».

Les bas-reliefs représentent les deux fleuves, le Pô et le Nil, témoins des victoires du général Desaix; deux Renommées gravent sur deux écussons, l'une Thèbes et les Pyramides, l'autre Kehl et Marengo (1). Un riche tro-

---

(1) Le général Desaix fut tué le 25 prairial an VIII,

phée, composé des dépouilles des divers peuples où il a conduit nos armées triomphantes, est placé derrière le piédestal.

La base porte deux inscriptions, qui rappellent les grandes actions, les talens et les vertus de ce général.

Au-dessous de ces inscriptions, on a gravé sur une plinthe en marbre qui

---

à la bataille de Marengo où Bonaparte commandait en chef.

La victoire paraissait encore indécise, malgré les prodiges de valeur qu'avait faits l'armée française, et sur-tout la garde consulaire. Alors Desaix arrive avec sa division et marche au pas de charge contre l'ennemi; deux fois il est repoussé, son cheval est tué sous lui : il entame pour la troisième fois les bataillons ennemis et les culbute avec le courage qui le caractérise; mais tandis qu'il n'est occupé qu'à soutenir l'honneur du nom français, une balle l'atteint, il tombe, et n'exprime en mourant d'autres regrets que de n'avoir pas assez fait pour la patrie.

entoure ce monument, le nom des corps de l'armée d'Egypte, de l'armée d'Italie, et des personnes qui ont souscrit pour ce monument. Quatre têtes de lion en bronze, jettent de l'eau dans un bassin circulaire.

Cette place, qui n'est habitée que par des orfévres, des jouailliers et des metteurs en œuvre, a été construite sous Henry IV, en mémoire de la naissance de Louis XIII.

PLACE DES VOSGES (1).

On voyait, avant la révolution, sur cette place, qui portait le nom de *Place*

---

(1) Cette place doit sa nouvelle dénomination à l'arrêté des consuls du 17 ventose an VIII, qui avait ordonné que le département qui le premier aurait payé ses contributions, donnerait son nom à une place de Paris. Celui des Vosges a eu cet honneur, ce qui a été exécuté au 1er. vendémiaire an IX.

Royale, la statue équestre de Louis XIII, élevée aux frais du cardinal de Richelieu, en 1630; on s'était servi, pour construire cette place, du palais des Tournelles, que Catherine de Médicis avait fait démolir dès 1566, afin qu'il ne restât point de traces du lieu où Henri II, son mari, avait perdu la vie. (1)

Non loin de cette place, on voit encore la maison qu'occupait la célèbre Ninon de Lenclos, dans le siècle de Louis XIV; elle est située rue des Tournelles, n°. 36, au coin de la rue neuve S.-Gilles.

---

(1) Henri II, dans un tournois donné sur cette place, rompit une lance contre Montgommery; l'éclat l'ayant atteint à l'œil, il en mourut.

Cet emplacement n'était d'abord qu'un simple hôtel appartenant, en 1309, au chancelier d'Orgemont. Léon de Lusignan, roi d'Arménie, y demeurait et y mourut en 1393.

PLACE DE LA CONCORDE,

Ci-devant Louis XV.

C'était au milieu de cette place, qu'on regarde comme une des plus belles de la capitale, qu'était placée la statue équestre de Louis XV, vêtu à la romaine.

Le projet du Gouvernement est d'y faire élever une colonne nationale.

On a placé depuis quelques années, du côté des Champs-Elysées, les deux superbes groupes en marbre, connus sous le nom des *chevaux de Marly*, qui ornaient autrefois les jardins de ce château. Ils sont en parallèle avec ceux de la *Renommée* et de *Mercure*, que l'on voit sur les deux terrasses du fer-à-cheval des Tuileries.

PLACE DE L'HOTEL-DE-VILLE.

Cette place, plus connue sous le nom *Place de Grève*, devait cette dénomination à sa situation sur les bords de la Seine. Elle était, avant la révolution, tour-à-tour le théâtre des supplices et des réjouissances publiques.

Paris renferme encore plusieurs places qui ne méritent pas d'être citées, telles que la Place Maubert, (1) celle de l'Estrapade, (2) etc.

---

(1) Le nom de la Place Maubert lui a été donné par corruption de maître *Albert*, parce que ce célèbre docteur avait un si grand nombre d'écoliers, qu'il fut obligé de donner ses leçons au milieu de cette place.

(2) Cette place est appelée *Place de l'Estrapade*, parce que c'était en cet endroit que l'on faisait subir aux coupables le supplice de l'Estrapade. On liait celui qui était condamné les mains derrière le dos ; on l'élevait, avec une corde, au haut d'une pièce de bois, puis on le laissait tomber jusque près de terre, ensorte que le poids de son corps lui faisait disloquer les bras.

HALLES.

Les halles de Paris doivent leur établissement à Philippe-Auguste.

Saint-Louis fit construire deux halles aux draps et une pour les cuirs, et permit en outre aux différens marchands d'étaler le long des murs du cimetière des Innocens.

Les cordonniers et les péaussiers obtinrent aussi une halle, de Philippe-le-Hardi, qui confirma les priviléges accordés par Saint-Louis, son père, aux lingères et autres vendeurs de menues friperies.

Enfin, par suite, chaque profession avait sa halle, où les marchands forains des environs venaient apporter les marchandises. C'est de-là que viennent les noms de quelques rues de ce quartier, telles que celles de la Lingerie, de la Corderie, de la Friperie, de la Poterie, etc.

Enfin plusieurs marchands forains y avaient des halles particulières qui portaient le nom de leurs villes.

Toutes ces halles furent détruites sous François Ier., et rétablies à-peu-près dans l'état où nous les voyons aujourd'hui.

HALLE AUX FARINES.

Ce bâtiment, construit en 1762 sur les dessins de MM. Legrand et Molinos, est percé de vingt-cinq arcades toutes de même grandeur. Au-dessus du rez-de-chaussée sont de vastes greniers.

Avant l'incendie qui, en vendémiaire an XI, consuma une partie de cet édifice, on admirait la coupole de 120 pieds de diamètre, formée uniquement de planches de sapin d'un pied de largeur et d'un pouce d'épaisseur, d'après les procédés de Philibert Delorme, architecte de Henri II.

On a laissé subsister dans la rue de Viarmes, qui tourne autour de cette halle, la colonne de Médicis (1), sur

---

(1) Cette colonne fut élevée en 1572 pour les observations astronomiques de la reine Catherine de Médicis qui, croyant à l'astrologie judiciaire, y montait souvent accompagnée d'astrologues, afin de découvrir l'avenir dans les astres. Ses ornemens consistent en cannelures où se voient des couronnes, des fleurs-de-lis, des cornes d'abondance, des miroirs cassés, des lacs d'amour déchirés, des C et des H entrelacés, allégories à la viduité de cette reine qui, après la mort de Henri II, ne voulait plus plaire à personne.

Un astrologue ayant prédit à cette reine qu'elle mourrait auprès de St.-Germain, on la vit aussitôt et superstitieusement fuir tous les lieux et les églises qui portaient ce nom. Elle n'alla plus à Saint-Germain-en-Laye; et à cause que son palais des Tuileries se trouvait sur la paroisse de Saint-Germain-l'Auxerrois, elle fit bâtir l'hôtel de Soissons.

laquelle on a placé un méridien. Ce cadran, d'un genre singulier, marque l'heure précise du soleil à chaque point de la journée et dans chaque saison. On a pratiqué une belle fontaine au bas.

HALLE AUX DRAPS ET AUX TOILES.

Ces deux halles, qui n'en font qu'une, ont été construites sur les dessins des architectes Legrand et Molinos.

Un escalier à deux rampes, placé au milieu de la galerie, facilite le transport des marchandises qui y sont renfermées; la charpente passe pour un morceau achevé en ce genre.

Près de-là, à l'extrémité de la rue de la Tonnelerie, on trouve la maison où naquit Molière.

HALLE AUX CUIRS.

Cette halle, située rue Bonconseil, a été bâtie par les soins de M. Lenoir, lieutenant de police, sur l'emplacement de l'ancien théâtre Italien.

CHAPITRE V.
PONTS, QUAIS.

PONT-NEUF.

CE pont, formé de douze arches, fut commencé en 1578 et achevé sous Henri IV. On y voyait, avant la révolution, la statue de ce monarque représenté en costume militaire, la tête ceinte de lauriers, tenant de la main droite un bâton de commandement, de la gauche les rênes de son cheval.

« Les statues des rois étaient tom‑
» bées, dit l'auteur du nouveau tableau
» de Paris, celle d'Henri IV restait de‑
» bout : on fut indécis pendant quelques
» minutes si on l'abattrait; cette statue,
» jusqu'alors vénérée, subit le même
» destin (1). »

---

(1) Le peuple de Syracuse fut plus juste à l'égard de Gélon.

(97)

PONT DES TUILERIES,

Ci-devant Royal.

On jouit sur ce pont, qui fut construit en 1685, du plus beau coup-d'œil de la capitale. On y découvre d'un côté Chaillot et Passy en amphithéâtre, les Champs Elysées, les Tuileries, le Louvre ; de l'autre, le palais du corps-législatif et une longue suite d'hôtels.

PONT DE LA CONCORDE.

Ce pont fut commencé en 1780 par

Timoléon ayant formé le projet de rétablir la démocratie à Syracuse, et ne voulant laisser subsister aucun vestige de la tyrannie, invita le peuple à raser toutes les forteresses ; on démolit jusqu'aux tombeaux des rois, on fit même le procès à leurs statues ; on ne conserva que celle de Gélon, parce que ce roi avait été citoyen, et on vendit toutes les autres.

Tome I.

l'ingénieur Peronnet, et achevé en 1790. On le met à côté de celui de Neuilly pour la légèreté.

PONT DES ARTS.

Ce pont, jeté en construction en l'an IX et terminé en l'an XI, sert de communication entre le Louvre et le palais des Beaux-Arts.

Il est le premier en France dont on ait formé les arches avec du fer ou plutôt avec de la fonte; c'est même le premier qu'on ait exécuté en Europe d'après le système adopté dans sa construction, et ce système a l'avantage d'économiser singulièrement la fonte, en comparaison de la méthode dont on fait usage en Angleterre pour les ponts en fer.

Les pièces de fonte dont ce pont est formé, ont été coulées près de Tourouvre, département de l'Orne, chez MM. Baudry et Mercier.

Il a neuf arches qui reposent sur des piles de pierre ; chacune de ces arches est composée de cinq fermes ou arcs de fonte liés ensemble par des entretoises, et qui soutiennent un plancher en bois. La longueur totale du pont est de 167 mètres (516 pieds), sa largeur entre les deux balustrades, de 10 mètres (30 pieds). Comme il ne fut construit que pour les personnes à pied, il offre une promenade agréable, embellie par des fleurs, des orangers et autres arbustes qui contribuent à y attirer le beau monde. On y jouit de la vue des quais et d'une partie des plus beaux édifices de Paris.

La simplicité de la construction du Pont des arts et la combinaison bien entendue des forces employées, font beaucoup d'honneur à M. Jacques Dillon, qui en a dirigé les travaux.

PONT DE LA CITÉ.

Ce pont, projeté également en l'an IX et terminé en l'an XI, était indispensable pour la communication entre les habitans du quartier de la Cité et ceux de l'île Saint-Louis. La construction en est absolument neuve; elle est hardie et d'un genre délicat; il est plus utile et plus commode que l'ancien pont : les voitures peuvent y passer; le pont Rouge n'était destiné que pour les gens de pied.

Les arches sont recouvertes en-dessus dans toute leur longueur et largeur de feuilles de cuivre rouge attachées avec des clous de cuivre fondu.

Un pont non moins essentiel est celui qui communiquera du jardin des Plantes au faubourg Saint-Antoine. On doit reprendre incessamment les travaux qui avaient été interrompus jusqu'à présent.

QUAIS.

Parmi les quais qui décorent la capitale, on doit distinguer le quai du Louvre, le quai Pelletier, le quai Voltaire, (1) le quai Bonaparte, le quai Desaix ; les deux derniers ne sont pas encore entièrement achevés.

---

(1) Ce quai a été ainsi appelé, parce que Voltaire y mourut en juin 1778 dans l'hôtel faisant le coin de la rue de Beaune, qui appartenait au marquis de Villette.

CHAPITRE VI.

FONTAINES PUBLIQUES, BAINS, etc.

Avant de parler des fontaines qui méritent de fixer l'attention des étrangers, disons un mot des machines à vapeurs, au moyen desquelles la distribution des eaux se fait dans Paris. Chaque machine élève et fait monter en vingt-quatre heures 48,600 muids d'eau dans les réservoirs construits sur le haut de la montagne de Chaillot, qui, par leur élévation de 110 pieds, peuvent fournir de l'eau dans tous les quartiers de la capitale.

Ces réservoirs sont placés, l'un rue de Chaillot; l'autre à la pointe de l'île des Cignes.

MM. Perrier sont les premiers qui ont transporté en France le moyen puissant des machines à vapeurs.

Les travaux exécutés depuis trois ans

pour remédier aux inconvéniens reprochés à la pompe de Chaillot, ont été dirigés par M. Haupoix, ingénieur.

On compte à Paris près de soixante fontaines publiques : dans ce nombre il n'en est que trois qui méritent d'être citées, sous le rapport de l'architecture : la fontaine des Innocens, celle de la rue de Grenelle, faubourg Saint-Germain, et la fontaine Desaix, nouvellement établie. (Voy. *Place Desaix*, Chap. II.)

La fontaine des Innocens, construite en 1550, sur les dessins de Laurent Lescot de Clagny, est remarquable par les bas-reliefs dont elle est ornée; on distingue sur-tout ceux qui appartiennent au ciseau du célèbre Goujon (1).

___

(1) Elle était dans l'origine au coin de la rue Saint-Denis et de la rue aux Fers. Chaque partie en fut transportée avec beaucoup de soin et encadrée de la manière la plus heureuse lorsqu'en 1788, on éleva au milieu du marché des Innocens celle qu'on y voit aujourd'hui.

Les naïades, les fleuves, les jeux de tritons en bas-relief font l'admiration des connaisseurs, par la grace des formes, la beauté du dessin, et par les draperies jetées à la manière antique.

Il y a 30 ans, la place où est située aujourd'hui cette fontaine était un cimetière, où plusieurs paroisses enterraient leurs morts depuis plusieurs siècles. Il était entouré d'un corridor voûté que Philippe-Auguste fit bâtir en 1180.

La fontaine de Grenelle, ce monument dû au ciseau du célèbre Bouchardon, et achevé sous la prévôté de M. Turgot, est décorée de sept statues, dont les trois principales groupent ensemble et représentent la ville de Paris, ayant la Seine d'un côté et la Marne de l'autre. Elles rendent hommage à cette cité, et lui apportent des productions de toutes les saisons, ce qui est désigné par les statues des quatre saisons, qui sont autour du groupe.

Depuis peu on a nétoyé, par les ordres du préfet de la Seine, les belles sculptures de cette fontaine. MM. Quatremère de Quincy, Molinos et Legrand, chargés de cette opération, y ont employé le procédé décrit par Vitruve et Pline pour passer les sculptures antiques à l'encaustique.

BAINS (1).

On ne connaît pas à Paris ces vastes emplacemens qui existaient à Rome

---

(1) En 1467, l'usage du bain était aussi connu en France, même parmi le peuple, qu'il l'est et l'a toujours été dans la Grèce et dans l'Asie. Saint-Rigobert fit bâtir des bains pour les chanoines de son église, et leur fournissait le bois pour chauffer l'eau. Grégoire de Tours parle de religieuses qui avaient abandonné leur couvent parce qu'il s'était

pour la commodité du public; mais, à cet avantage près, peu de villes en Europe offrent autant d'établissemens particuliers mieux disposés; on en trouve dans presque tous les quartiers de la capitale. Parmi ceux qui méritent d'être cités, on distingue

Les bains d'Albert, sur la rive gauche de la Seine, près de l'hôtel de Salm;

Les bains orientaux, boulevart italien;

Ceux de Vigier, également sur la Seine, près le pont des Tuileries. Ceux-ci méritent une description particulière.

C'est un édifice oblong que l'on a élevé sur un vaste bateau; au-devant,

---

commis une immodestie dans le bain *(Essais de Sainte-Foix.)*

La première idée des bains sur la Seine est due à M. Poitevin, baigneur, qui en 1760 forma un établissement de ce genre.

une plate-forme ou galerie extérieure offre une promenade à ceux qui attendent leur tour pour entrer dans le bain; dans l'intérieur est une longue galerie, décorée avec goût, et qui reçoit le jour par une ouverture pratiquée dans une galerie supérieure et à-peu-près semblable.

ÉCOLE DE NATATION.

Cet établissement, qui manquait à la capitale, est placé en face des Invalides.

CHATEAU-D'EAU.

Cet édifice, qui fait face au palais du Tribunat, a été élevé sur les dessins de Robert de Cotte. Là sont les réservoirs de l'eau de la Seine et d'Arcueil pour le jardin du palais du Tribunat et celui des Tuileries.

Parmi les découvertes les plus utiles faites depuis quelques années, on doit distinguer celles des filtres inaltérables, appliqués à la dépuration des eaux de la Seine.

Ces fontaines, dont l'invention est due à MM. Smith et Cuchet, établis rue de Beaune, n°. 625, non-seulement clarifient l'eau la plus trouble et la rendent parfaitement cristallisée, mais lui enlèvent aussi tous les miasmes putrides qui la font corrompre et lui donnent le goût et l'odeur.

EAUX MINÉRALES FACTICES,

Rue St.-Lazare, n°.384.

Paris est pour un riche un pays de Cocagne;
Sans sortir de la ville il trouve la campagne.
BOILEAU.

Qu'eût dit l'auteur du Lutrin s'il fût venu de nos jours ? On peut aujourd'hui aller aux bains les plus renommés sans sortir de Paris.

La maison de M. Paul, directeur de l'établissement des eaux minérales factices, est uniquement destinée aux malades à qui les eaux sont ordonnées, et l'on y trouve des appartemens de toute grandeur.

Son procédé consiste à condenser, par des moyens mécaniques qu'il a imaginés, les différens gaz dont il avait chargé les eaux, et à les y incorporer par le moyen de la pression.

Cet établissement, créé depuis quelques années, a retiré de grands avantages des améliorations faites à la pompe de Chaillot, par suite des procédés de M. Haupoix, ingénieur.

CHAPITRE VII.

ÉGOUTS (1).

Parmi les travaux exécutés sous la prévôté de M. Turgot, l'égoût général doit tenir le premier rang. Cet égoût,

---

(1) Les embellissemens de la capitale sont dus en partie aux lumières et au zèle infatigable de M. Turgot.

Le lit de la Seine nétoyé, dégagé de sables en plusieurs endroits; ses eaux conduites dans des fontaines, que des sources moins bonnes avaient remplies jusqu'alors; les incendies moins fréquens ou moins dangereux; un long travail entrepris pour régler les différentes mesures de liqueurs; c'est par des services aussi signalés que M. Turgot a acquis des droits à la reconnaissance publique. Que d'ouvrages inconnus, invisibles en quelque sorte, dont Paris, sans le savoir, est redevable aux soins de ce magistrat! Ici sa prévoyance faisait placer une rampe, un parapet, une barrière; là c'étaient des pompes, des pieux

qui n'était formé que par un fossé, dont les eaux croupissantes infectaient l'air,

---

qui pussent indiquer la hauteur de l'eau ; des filets qui y retinssent ceux qui y seraient tombés par accident.

Mais ce qu'a fait M. Turgot n'est qu'une partie de ce qu'il avait projeté. Il voulait rendre praticable et d'un abord facile le labyrinthe que forment tant de rues étroites aux environs du Palais, en prolongeant le quai de l'Horloge jusqu'à la pointe de l'île Notre-Dame ; il voulait rapprocher l'île Saint-Louis du centre de la ville, en bâtissant un pont de pierre à l'emplacement où se trouvait anciennement le Pont-Rouge ; porter abondamment l'eau de la Seine dans tous les quartiers de Paris, en construisant, à l'endroit où se trouvait la porte Saint-Bernard, une machine qui aurait élevé l'eau jusqu'au sommet de la montagne Sainte-Geneviève, d'où, rassemblée dans un réservoir immense, elle eût été facilement conduite par-tout.

Graces à la sollicitude du gouvernement, la plupart des projets conçus par M. Turgot ont déjà été exécutés, et les autres ne tarderont pas à l'être.

fut commencé en pierres, sur les dessins de M. Beausire, en 1737, dans un nouveau terrain, depuis la rue du Calvaire, au Marais, jusqu'à la rivière, près Chaillot, et fut achevé en 1740.

CHAPITRE VIII.

PROMENADES, JARDINS PUBLICS, PÉPINIÈRES.

BOULEVARDS.

Les boulevards furent commencés en 1536, dans le tems que les Anglais ravageaient la Picardie, et menaçaient la capitale. Le capitaine Dubelloy, lieutenant-général pour le roi, instruit que les ennemis approchaient de Paris, fit tracer des fossés et des boulevards, depuis la porte Saint-Martin jusqu'à celle Saint-Honoré, et afin, que ce travail allât plus vite, il fit défendre aux artisans l'exercice de leurs métiers pendant deux mois, avec ordre aux seize quarteniers de lever seize mille manœuvres, et de plus à ceux des faubourgs d'en fournir une fois autant, sinon que leurs maisons seraient rasées. L'on commença de les planter d'arbres en 1658. On les distingue en boulevards vieux et en boulevards neufs.

Les premiers se divisent en huit parties, chacune reçoit son nom de la principale rue qui s'y rend.

Les derniers appelés boulevards neufs, parce que les avenues ont été plantées bien postérieurement aux premières (en 1761, sous le règne de Louis XV), se divisent en sept parties.

Les boulevards sont une des promenades les plus fréquentées de la Capitale, tant à cause du coup-d'œil qu'offrent les hôtels magnifiques dont ils sont bordés, qu'à cause de cette multitude de spectacles que l'on rencontre à chaque pas. Pendant l'espace d'une lieue, l'œil jouit des scènes les plus variées. Voulez-vous prendre une idée de la bonne compagnie, et étudier la mode dans ce qu'elle a de plus recherché, entrez à Frascati? Désirez-vous un spectacle d'un autre genre et prendre part aux amusemens du peuple? Traversez le jardin des Capucines (1)? Dans la même enceinte vous avez l'amphithéâtre pour les exercices d'équitation et de voltige, les danseurs de corde, les fantoccini et le temple de mémoire.

LES CHAMPS-ÉLYSÉES.

Cette promenade, qui fait suite au jardin du Palais du gouvernement, dont elle n'est séparée que par la place de la Concorde, fut plantée vers l'an 1760, elle est la plus belle et la plus étendue de la capitale.

---

(1) C'est dans l'intérieur du jardin des Capucines que s'est fabriqué, pendant six années de la révolution, pour plusieurs milliards d'assignats.

JARDIN DES PLANTES.

C'est dans ce jardin, qui ne ressemble en rien à ceux qui ne présentent qu'une promenade publique, que le philosophe, l'artiste, le curieux, le botaniste, viennent puiser des connaissances utiles et agréables en même tems. Ce jardin offre des sites et des points de vue très-pittoresques, sur-tout du côté de la rivière.

Il fut établi, en 1634, par les soins de Bouvard et de Guy-de-la-Brosse, médecins de Louis XIII. Le cardinal Mazarin et Colbert augmentèrent beaucoup cet établissement, qui est un des plus riches de l'Europe en plantes rares et curieuses.

(Voyez chapitre Instruction publique, article *Musée d'Histoire Naturelle.*)

TIVOLI.

Ce jardin, situé rue de Clichy, et à l'embellissement duquel M. Boutin avait consacré des sommes immenses, fut loué par un particulier qui le convertit en un jardin public. C'était précisément l'époque où nos armées conduites par le héros de la France, triomphaient en Italie. L'entrepreneur de ce nouvel établissement ne crut pouvoir mieux l'accréditer aux yeux des Français qu'en lui donnant une dénomination si propre à leur rappeler le souvenir des lieux qui ont été tant de fois le théâtre de leurs exploits.

FRASCATI.

Ce jardin, qui dépendait du ci-devant hôtel de Bondi, maintenant occupé par M. Garchi, réunit tout ce que l'art et le luxe ont de plus recherché.

On y donne des fêtes, des concerts, dirigés par les plus célèbres artistes de la capitale.

C'est-là que se rassemble pendant l'été, sur les onze heures du soir, la plus élégante société.

ÉLYSÉE-BOURBON,

Ou Hameau de Chantilly.

Ce jardin, qui dépend de l'hôtel occupé avant la révolution par mad. la duchesse de Bourbon, qui l'avait acheté de mad. de Pompadour, est un des plus beaux et des plus pittoresques de la capitale. Il est consacré à des fêtes publiques.

Outre ces jardins publics, Paris en renferme une infinité de très-curieux appartenant à des particuliers, tels que celui attenant à la maison de Beaumarchais, etc.

Le naturaliste ne doit pas quitter Paris sans visiter celui de M. Cels, membre de l'institut national. Ce jardin, situé au-dessus de la barrière du Mont-Parnasse, renferme les plantes les plus rares.

GUINGUETTES.

Après avoir jeté un coup-d'œil sur les promenades et les lieux fréquentés par l'homme opulent, il me reste à parler de ceux spécialement consacrés aux délassemens du peuple.

C'est-là que, pipe en bouche, environnés de verres,
Les galans de la halle et ceux du port au blé
Font, sur l'air d'un bastring, haleter leurs comères.

Les guinguettes qui, il y a plusieurs années, étaient réunies dans le quartier des Porcherons, ont été transportées au-delà des barrières voisines, notamment à Montmartre et aux Champs-Elysées. Le son des violons et des musettes fixent de loin l'attention sur ces lieux, qui sont autant de Frascati destinés aux plaisirs bruyans de ceux à qui il faut des restaurans plus solides que des glaces et des sorbets.

PÉPINIÈRES.

Parmi les nombreuses pépinières plantées dans les environs de Paris et dans l'intérieur, on doit distinguer celle du Roule, destinée à la culture des fleurs, des arbustes et des arbres qui doivent alimenter le jardin des Tuileries et les autres jardins publics ;

Celle de M. Fortin, rue du faubourg du Roule ;

Les pépinières de Vitry, village à une lieue de Paris.

CHAPITRE IX.

PRISONS, MAISONS D'ARRET ET DE CORRECTION.

D'après le nouvel ordre de choses, l'œil n'est plus fatigué par le spectacle révoltant que présentait autrefois l'intérieur des prisons. Le régime de ces maisons, sans pouvoir encore être assimilé à celui qui distingue cette partie de l'administration dans les États-Unis (1)

---

(1) « La réclusion dans les prisons de Philadel-
« phie a un terme (dit M. Larochefoucauld-Lian-
« court dans son ouvrage concernant le régime
« des prisons de Philadelphie); les prisonniers
« dont on est content sont répartis dans des ate-
« liers de travail ; celui qu'on leur confie est ana-
« logue à leurs forces et à leurs talens. Le pri-
« sonnier, au moyen du salaire qu'il reçoit, doit
« payer sa nourriture, sa part de l'entretien de
« la maison et la location des outils qu'on lui

et dans la Hollande (2), a reçu depuis quelques années des améliorations

« confie. Ces dépenses prélevées, on lui aban-
« donne l'excédant. Indépendamment de la pen-
« sion, que le travail des prisonniers doit payer,
« il faut qu'il acquitte les frais de leurs procès,
« la valeur des objets volés : on en retient le prix
« sur le produit de leur travail.

« Le concierge est bien payé : par ce moyen,
« on a des hommes qui sont au-dessus de cer-
« tains gains. Comme aucun prisonnier n'y essuie
« aucune rigueur corporelle, la place de con-
« cierge ne répugne pas à la délicatesse d'aucun
« honnête homme, ce qui permet de mettre dans
« ce poste des gens éclairés, probes et humains.

« On assujétit les prisonniers à prendre quel-
« que soin de leur personne : ce qui contribue
« encore à leur amendement, est le régime dié-
« tétique. Leur vie est frugale; ils ne boivent pas
« de liqueur fermentée, pas même de la bière;
« mais pour cela il ne faut pas que le geolier soit
« marchand de vin, traiteur, etc.

« Toute conversation suivie, étrangère à leurs
« occupations, est interdite aux prisonniers; il
« ne leur est pas même permis de parler des
« causes de leur détention, d'en rire ou de se

qui attestent la sollicitude du gouvernement.

« les reprocher; on s'efforce de leur faire oublier
« les habitudes anciennes.

« Enfin, une conduite extrèmement régulière
« et soutenue procure quelquefois au prisonnier
« sa grace; mais le gouvernement ne l'accorde
« jamais que sur l'avis des inspecteurs.

« Au rapport de M. de Liancourt, sur 100 con-
« damnés qui sortent de cette maison d'amen-
« dement, il en est à peine 2 qui se rendent cou-
« pables des mêmes délits qui les y avaient
« conduits. »

(2) Les prisons de la Hollande, dit le célèbre Howard, sont si tranquilles et si propres, que celui qui les visite a peine à croire que ce soient des prisons : elles sont chaque année blanchies avec de l'eau et de la chaux; chacune d'elles a son médecin, son chirurgien particulier. En général les maladies y sont rares. Dans la plupart de celles qui sont destinées aux criminels, il y a une chambre pour chaque prisonnier, et il n'en sort jamais; chacun a un bois de lit, un garde-paille et une couverture. La Hollande est le pays de l'Europe où il se commet le moins de crimes,

LE TEMPLE.

Cette prison, exclusivement destinée aujourd'hui à la détention des prisonniers d'état, doit sa dénomination à à l'ordre des templiers (1), dont elle fut originairement le chef-lieu.

Le temple était, avant la révolution, un des grands prieurés de l'ordre de Malte, dont le dernier grand-prieur était le duc d'Angoulême, fils du ci-devant comte d'Artois.

C'est dans une des tours de cette prison, que Louis XVI, la reine, ses deux

---

et la justice a rarement l'occasion de déployer toutes ses rigueurs. (*Extrait de l'ouvrage de M. Howard, sur les prisons de l'Europe.*)

(1) Les templiers furent ainsi nommés, parce que Baudouin second, roi de Jérusalem, leur donna une maison proche du temple de Salomon. Leur ordre, créé en 1118, fut aboli en 1312.

enfans et madame Elisabeth furent détenus.

L'ABBAYE.

Cette maison, destinée aujourd'hui à la repression des délits militaires, fut, pendant la session de l'assemblée constituante, la maison d'arrêt réservée aux députés qui s'étaient rendus coupables de quelque infraction au réglement concernant la police des séances.

LA FORCE.

Cet hôtel, connu jadis sous le nom d'hôtel S.-Pol, après avoir appartenu long-tems aux ducs d'Alençon, au connétable de S.-Pol, qui eut la tête tranchée sous Louis XI, à Louis Boutilliers, secrétaire d'état sous Louis XIII, puis au duc de la Force, fut acheté en 1715, par les frères Paris, qui le cédèrent au gouvernement.

Cette prison est remarquable sous le

rapport de l'architecture; par l'étendue du local, elle offre aux prisonniers toutes les commodités qu'ils peuvent réclamer dans leur position.

BICÊTRE.

Ce fut dans l'origine une maison bâtie en 1290, par *Jean, évêque de Wincester;* dans la suite, par corruption de *Wincester* (1), le peuple la nomma Bicêtre; Louis XIII fit élever en sa place un hôpital pour les soldats estropiés; mais Louis XIV ayant fait construire les Invalides, il donna Bicêtre à l'hôpital-général, en 1656.

Cette maison est destinée à la réclusion des hommes et des enfans condamnés pour crimes; de ceux-ci, les uns attendent la confirmation ou l'annulation du jugement qui les a condamnés à la peine capitale; les autres attendent le

___
(1) Ce mot se prononce *Ouincestre*.

départ de la chaîne qui doit les conduire en qualité de forçats; les troisièmes sont renfermés durant l'espace de tems pour lequel ils ont été condamnés à la détention.

(Voyez au chapitre des *Hospices*.)

SAINTE-PÉLAGIE.

Cette maison, située rue du Puits de l'Hermite, était destinée à recevoir les femmes et les filles condamnées à une pénitence forcée, et celles qui se condamnaient à une pénitence volontaire. Cette maison aujourd'hui est une vaste prison, où l'on renferme ceux que la sûreté publique oblige d'arrêter, et ceux qui sont condamnés à la détention par le tribunal de police correctionnelle.

LES MADELONETTES.

Cette maison sert de prison aux femmes prévenues de crimes et de délits de toute espèce.

MAISONS DE RÉCLUSION.

SAINT-LAZARE,

Faubourg Saint.-Denis.

Cette maison est destinée à la réclusion des femmes de mauvaise vie. Là, elles sont employées à divers travaux de leur sexe, entr'autres à la couture. On peut y commander du linge, et on est servi à point nommé.

CHAPITRE X.

ÉTABLISSEMENS DE BIENFAISANCE.

Les observations contenues dans ce chapitre ont été puisées en grande partie dans le compte rendu en l'an XI par M. Camus, l'un des administrateurs du conseil-général d'administration des hospices civils de Paris.

HOSPICES

Destinés aux personnes affectées de maladies susceptibles de guérison.

L'HÔTEL-DIEU.

Cet hôpital a été fondé par Saint-Landry, évêque de Paris, sous le règne de Clovis, second fils de Dagobert, en l'an 608.

Par suite de l'active sollicitude du gouvernement, les abus (1) qu'on remarquait avant la révolution dans le régime intérieur de cette maison, ont entièrement disparu, et on est parvenu à remédier, autant qu'il était possible, aux vices qui tiennent à la localité (2).

Au moyen des mesures qui viennent d'être arrêtées, les malades seront pla-

---

(1) Avant les changemens qui ont eu lieu, on voyait habituellement à l'Hôtel-Dieu, en même tems et dans un seul lit, quatre personnes et quelquefois six : un mort, un agonisant, un malade tourmenté d'une fièvre ardente et un malade attaqué de pulmonie.

Aujourd'hui les malades sont couchés seuls.

Le nombre des lits qui doivent être entretenus à l'Hôtel-Dieu est de 2,000 habituellement, et 200 de réserve.

(2) Depuis long-tems on a reconnu l'inconvénient d'un hôpital au centre de la capitale : en 1737, après l'incendie de l'Hôtel-Dieu, M. Turgot, alors prévôt des marchands de la ville de Paris, conçut le projet de transporter cet hospice à l'île des Cygnes.

cés dans des salles plus vastes, et plus aérées. De tous côtés, on a ménagé des dégagemens et un libre cours à l'air. L'entrée de cet hospice était étroite et encombrée ; deux brancards ne pouvaient y passer de front ; c'est cette entrée qu'on dégage aujourd'hui. Un vaste portique d'un style simple et analogue à sa destination, vient d'y être construit.

Dans le vestibule nouveau, on doit élever un monument à la mémoire de Desault et de Bichat, citoyens recommandables par les services qu'ils ont rendus à la chirurgie, et principalement à cet hospice, où tout malheureux est admis sur la simple présentation d'un officier de santé.

Le service intérieur de cette maison, dans laquelle ne sont plus reçus les insensés et les femmes en couche, est confié à des hospitalières.

HOSPICE DE LA CHARITÉ,

Rue des Saints-Pères.

Cet hospice, ainsi appelé, parce qu'avant la révolution il était desservi par des religieux de l'ordre de la Charité, a été fondé en 1602.

Le nombre des lits établis dans cette maison est de 230, répartis dans six infirmeries ; 126 sont attribués au département de la médecine, 100 pour des hommes, 26 pour des femmes dans la salle de clinique ; 104 lits sont affectés au département de la chirurgie. Il y a, en outre, une salle de 24 lits pour des convalescens.

La Charité et l'Hôtel-Dieu sont les deux hôpitaux où se pratiquent plus habituellement qu'ailleurs les grandes opérations chirurgicales.

Il est fait aussi, à ces deux hospices,

par le chirurgien en-chef, un cours d'anatomie et d'opérations.

Près de l'hospice de la Charité se trouve l'Ecole de médecine clinique.

Au-dessus de la porte de cet édifice, construit depuis quelques années, on voit la statue assise d'Esculape, tenant de sa main droite une coupe, et de l'autre un bâton autour duquel monte un serpent.

Les peintures du plafond du temple représentent l'Étude, une lampe à la main, qui, après avoir écarté les nuages épais de l'ignorance, découvre aux hommes la déesse de la santé.

La salle de pathologie est bâtie sur le modèle des salles grecques. Cette pièce est ornée, dans son pourtour, de quatre niches, dans deux desquelles sont les statues d'Hippocrate et de Gallien; dans les deux autres, sont deux figures allégoriques de femmes, représentant la Chirurgie et la Pharmacie. Ces ouvrages sont de M. Fortin.

Au rez-de-chaussée, sont construites des salles de bains, une salle de douches ascendantes et descendantes, bains de vapeurs combinés, une salle d'électricité médicale pour essayer ce remède sur les épileptiques, paralytiques, ainsi que tous les accessoires convenables aux progrès de l'art.

HÔPITAL SAINT-ANTOINE.

Cet hôpital, qui n'est établi que depuis la révolution, était précédemment une abbaye de filles de l'ordre de Citeaux.

Le nombre des malades est de 160. Les convalescens ont, dans cette maison, un avantage qu'ils ne trouvent pas ailleurs, une galerie couverte pour se promener.

L'introduction du régime paternel a

facilité dans cette maison une police plus immédiatement soumise à l'administration, plus exacte et plus régulière que dans les autres hôpitaux.

HÔPITAL NECKER,

Rue de Sèves.

Madame Necker(1) (dont le mari était alors directeur-général des finances), forma en 1778 le projet de cet établissement, rue de Sèves, dans une ancienne maison religieuse dont la dénomination était Notre-Dame-de-Liesse.

Cet hospice, qui est un des mieux ordonnés de Paris, renferme 128 lits, et est administré par des sœurs de la Charité.

---

(1) Le portrait de madame Necker a été placé dans la salle de réception.

HÔPITAL BAUJON,

Faubourg du Roule.

L'hospice fondé par M. Baujon, riche financier, a été construit en 1784, sur les dessins de Girardin. Il était destiné pour élever 24 orphelins de la paroisse du Roule, douze garçons et douze filles.

Les bâtimens, les salles, les lits de cet hospice, qui renferme 100 lits de malades et 20 lits de réserve, peuvent soutenir la comparaison, quant à l'ordre et la propreté, avec les meilleurs hospices de la Hollande et de la Belgique.

Les malades sont couchés seuls, dans des lits garnis de rideaux ; mais ces lits n'ont point le ciel couvert, afin que l'air circule librement. Toutes les salles ont leurs buffets, une fontaine en cuivre étamée et sa cuvette : la chaleur est distribuée du premier au second par des récipiens et des tuyaux de chaleur. Les hommes ont un chauffoir commun; les femmes ont aussi le leur: les convalescens mangent en commun, hors les salles où ils couchent.

Auprès de la porte d'entrée, est une salle destinée à admettre les indigens qui se présentent pour recevoir les consultations gratuites des officiers de santé; ils sont admis de 7 à 8 heures du matin. On reçoit et on dépose dans la même salle les personnes qui seraient surprises dans la rue, d'un accident subit. La surveillante doit prendre des renseignemens sur leur état, un des officiers de santé leur administrer les premiers secours: on les fait transporter ou à leur domicile, ou dans un hospice.

L'hôpital Baujon est entièrement confié à des femmes; c'est une femme qui, sous le titre d'agent de surveillance, dirige tout l'intérieur.

HÔPITAL COCHIN,

Faubourg Saint-Jacques.

Cette maison est due à la bienfaisance et à la sollicitude de M. Cochin (1), curé de Saint-Jacques-du-Haut-Pas, qui, pour le fonder, vendit ses meubles et jusqu'à sa bibliothèque. Le nombre des lits est réglé à 90 et 10 de réserve.

Le service en est confié uniquement à des femmes.

HÔPITAL SAINT-LOUIS,

Situé rue de Bondi.

L'hôpital Saint-Louis, fondé par Henri IV en 1606, pour la peste qui affligeait alors Paris, a été bâti sur les

---

(1) Le ministre de l'intérieur vient d'ordonner que le buste de M. Cochin serait exécuté en marbre, et placé dans la salle de réception de cet hospice. Le travail en a été confié à M. Bridan.

dessins de Claude Chastillon : il est destiné au traitement des scorbutiques, cancéreux, scrophuleux, etc., et a toujours été regardé comme un des établissemens les mieux ordonnés.

La situation, l'étendue des bâtimens et des terrains adjacens, l'abondance des eaux, fournissent aux administrateurs tous les moyens de secours pour le traitement des malades.

Les salles sont parfaitement aérées, au moyen des ouvertures qui ont été pratiquées dans la partie supérieure de la voûte ; chacune des salles a sept baignoires en cuivre : on donne successivement 120 bains par jour ; on peut même donner des douches.

Il a été établi un dépôt pour les vêtemens des malades qui entrent dans l'hôpital ; leurs hardes n'y sont reçues qu'après avoir passé par une soufrière où elles sont purifiées.

Un grand avantage procuré aux malades, aux enfans sur-tout, c'est une occupation proportionnée à leurs forces. On les emploie, autant qu'il est possible, aux travaux intérieurs de l'hospice, et l'on remarque que ceux qui s'y livrent sont plutôt guéris. Les enfans sont rassemblés dans des ateliers de filature, soit en laine, soit en coton, de couture ou de tricot : ils gagnent à proportion de leur travail. Il y a d'ailleurs des heures destinées à leur apprendre à lire et à écrire.

Toutes les personnes affectées de maladies du genre de celles qui sont traitées à l'hôpital Saint-Louis, ne sont pas reçues dans l'intérieur de la maison. On a institué un traitement externe, c'est-à-dire que l'on fournit à des malades qui se rendent dans une salle et aux jours désignés à cet effet, des avis, des remèdes, du linge, en un mot, tout ce qui leur est nécessaire pour se traiter chez eux.

Le nombre des lits est de 700, et 100 de réserve.

HOSPICE DES VÉNÉRIENS (1),

Maison des Capucines, faubourg Saint-Jacques.

Les malades sont distribués à l'hôpital des vénériens, en plusieurs classes,

---

(1) Avant la révolution, le traitement des maladies vénériennes se faisait dans la maison de Bicêtre; 600 malades de l'un et l'autre sexe, attaqués de cette maladie, y étaient traités annuellement, tandis que plus de 2,000 sollicitaient leur réception, et qu'un nombre cinq ou six fois plus considérable encore n'en formait pas la demande, parce qu'il ne pouvait espérer d'être admis à ce traitement, tout horrible et tout incomplet qu'il était. Chacune des salles contenait plusieurs rangées de lits, et souvent on était obligé de joncher les planchers de malades; quelquefois même une

selon que leur maladie est simple, ou qu'elle se trouve compliquée avec la galle et le scorbut, ou avec d'autres maladies, soit internes, soit externes.

La manière dont les remèdes leur sont administrés, est faite pour inspirer aux malades la plus grande confiance. Lors de son admission, le malade reçoit un papier, sur lequel on a écrit son nom et les indications qu'il a données sur l'origine et l'ancienneté de sa maladie, le fait qu'il en a été atteint une ou plusieurs fois. On ajoute ensuite chaque

---

portion des malades, quoique déjà quatre dans un lit, était obligée de se relever dans la nuit pour en laisser reposer d'autres. On les baignait six à-la-fois dans la même cuve; et malgré cet entassement dans un air pestilentiel, pour parvenir à se faire recevoir, il fallait se faire inscrire dix-huit mois à l'avance, de manière qu'une maladie légère arrivait souvent à son période le plus funeste avant d'être traitée.

jour les progrès, soit de la maladie, soit de la guérison, les remèdes administrés et les effets qu'ils ont produits; la réunion de ces feuilles que l'on extrait ou que l'on transcrit en entier dans un registre, forme une collection précieuse d'observations.

L'hôpital des vénériens est fixé à 500 lits et 50 de réserve.

Les malades reçus dans l'intérieur de la maison, ne sont pas les seuls que l'on traite à l'hôpital des vénériens; on y a établi un traitement externe, auquel tous les malades du dehors sont admis; on leur donne conseil, direction et médicamens; il résulte les plus grands avantages de ce traitement externe; un grand nombre de malades sont secourus à peu de frais, et l'on peut toujours attaquer la maladie dès son principe.

HÔPITAL DES ENFANS MALADES.

Le curé de Saint-Sulpice (M. Languet), avait fondé en 1751, rue de Sèves, sous le nom de la *Maison de l'enfant-Jésus*, un établissement pour vingt-huit jeunes demoiselles, qui étaient élevées par des filles de St.-Thomas-de-Villeneuve. Cette maison, lors des changemens faits dans les maisons hospitalières, fut destinée à recevoir les jeunes filles orphelines; mais des motifs particuliers ayant déterminé à transporter les orphelines au faubourg-St.-Antoine, le conseil général d'administration des hospices civils de Paris a, par un arrêté du 18 floréal an X, fait de la maison de l'Enfant-Jésus un hôpital pour les enfans des deux sexes, âgés de plus de deux ans, et de moins de quinze, attaqués de maladies aiguës.

On aurait peine à trouver un lieu

dont la température, la disposition, l'étendue des cours et des jardins soient plus favorables à la santé des enfans, que l'ancien établissement de l'Enfant-Jésus; la composition de cet hôpital, au 30 veniose an XI, était de 201 garçons et 63 filles ; on remarque que depuis l'établissement, le nombre des garçons y a toujours excédé celui des filles de plus d'un quart, et de près d'un tiers.

HOSPICES D'INSENSÉS.

Il serait à désirer que des maisons particulières fussent destinées au traitement des insensés. Le conseil d'administration des hospices en a fait sentir la nécessité, en proposant de rassembler les insensés de chaque sexe dans une maison à part, avec une cellule (non pas une loge) pour chacun, de vastes jardins, des ombrages, de l'eau, et les autres commodités nécessaires à des êtres dont l'état est plus intéressant encore qu'il n'est affligeant Ce projet n'a pas jusqu'ici reçu son exécution; mais le gouvernement s'est empressé de remédier aux abus les plus révoltans de cette partie de l'administration.

Les salles de l'Hôtel-Dieu, occupées par les fous et les folles, ont été évacuées.

Un arrêté pris par le ministre de l'intérieur, le 28 prairial an X, porte qu'il sera désigné à l'hospice de Charenton, 40 lits d'hommes et 20 lits de femmes, pour le traitement des indigens attaqués de folie, qui sont à la charge des hospices de Paris.

Les insensés ne sont nullement bien logés à Bicêtre, les loges sont humides; cependant le sort de ces infortunés a été amélioré. Indépendamment de la suppression des chaînes, on les a mis plus au large ; on a donné des lits à part à près de 100 insensés, qui étaient deux à deux dans une même loge. Un grand terrain vient d'être enclos pour leur former un promenoir.

A la Salpêtrière, on a réuni les femmes susceptibles d'un traitement, qui ne sont pas envoyées à Charenton, et celles dont la maladie est reconnue incurable.

Les malades de ce genre, dont le nombre a été porté de 750 à 800, sont partagées en cinq divisions principales ; l'une contient les malades attaquées de maladies incidentes, différentes de la manie, et qu'on traite séparément ; une seconde est destinée aux manies réputées incurables ; une troisième division renferme les maniaques actuellement en délire ; une quatrième, celles qui sont dans un intervalle lucide au déclin de leurs accès : celle-ci est ornée de promenoirs plantés d'arbres, au milieu desquels est une fontaine; enfin la cinquième est destinée aux convalescentes et à celles qui sont sur le point d'être rendues à leurs familles (1).

Pour empêcher, ce que l'on a vu quelquefois, que des parens avides ou des ennemis, fassent séquestrer un citoyen de la société, en le supposant insensé, on n'en admet aucun gratuitement, que

_____

(1) M. Pinel, habile médecin, qui traite avec tant de succès ce genre de maladie, déclare dans son rapport que du 17 germinal an X au 17 vendémiaire an XI, sur 182 femmes admises au traitement, 92 sont guéries ou présumées telles, ou convalescentes; et que sur les autres il en est 59 encore pour lesquelles l'on croit devoir continuer l'administration des remèdes. Dans le traitement des aliénés, il n'accorde qu'une influence assez bornée aux ressources ordinaires de la matière médicale. Cependant, malgré le grand nombre de guérisons opérées à Bicêtre sans ces ressources, il avoue que quelques médicamens peuvent être utiles dans un petit nombre de circonstances.

son état n'ait été fixé par jugement et son indigence constatée.

La police pour la garde des insensés ne saurait n'avoir pas quelque sévérité pour la propre conservation de ceux qui en sont l'objet; mais les chaînes et les mauvais traitemens sont rigoureusement proscrits. On contient les maniaques dans leurs habitudes furieuses, et presque dans les plus grands accès, au moyen d'une longue camisole dont les manches excèdent la longueur du bras, et s'attachent ensemble par les extrémités: s'il faut les attacher sur leur lit, la camisole en fournit les moyens sans que l'on soit obligé de garotter leurs membres.

Afin d'éviter la curiosité indiscrète qui amenait des étrangers dans les loges des fous, quelquefois pour se faire un amusement cruel de leur malheur, il n'entre dans les lieux où les insensés sont renfermés, que les personnes chargées de les servir et de les secourir.

HOSPICES D'INDIGENS, INFIRMES OU VIEILLARDS.

BICÊTRE.

Cette maison qui, avant la révolution, présentait le tableau le plus hideux (1) et le plus affligeant pour l'humanité, est destinée aujourd'hui à recevoir des indigens (2) et des insensés. Malgré toutes les améliorations qui ont eu lieu dans l'administration de Bicêtre, il répugne à l'idée de toute ame sensible de voir une maison de détention et de prison, réunie dans la même enceinte qu'une maison hospitalière ; cette

---

(1) Bicêtre était à-la-fois hospice, hôtel-dieu, pensionnat, hôpital, maison de force et de correction.

(2) L'on n'entre à Bicêtre ou à la Salpêtrière qu'autant que l'on justifie d'indigence, et de l'âge de 70 ans révolus.

observation n'a pas échappé à la sollicitude du gouvernement. Il est question de transférer incessamment les bons-pauvres dans un autre local.

Parmi les plus importantes de ces améliorations, nous comprendrons l'établissement d'ateliers pour tirer les fainéans de la léthargie où ils végétaient. Le travail a été encouragé de toutes manières. On a nommé un inspecteur des ateliers pour les diriger; des métiers de tisserands ont été établis, etc.

La propreté, le travail et le mouvement introduits dans l'hospice, ont diminué le nombre des maladies.

On remarque dans cette maison un puits construit en 1735; il a 207 pieds de profondeur et 15 de diamètre.

La machine qui élève l'eau est placée dans un manége. Sur un tambour pratiqué à la cime d'un axe vertical, tournent deux câbles, dont l'un file et l'autre défile. Ils passent ensuite sur deux poulies de quatre pieds de diamètre, placées au haut du puits. A chaque bout de ces deux câbles est un sceau tour-à-tour ascendant et descendant. Le poids de chacun est d'environ 400 livres. Ils puisent l'eau par quatre soupapes qui sont à leur fond. Arrivés à la hauteur du puits, des mains de fer accrochent le sceau montant, et le font pancher vers un réservoir où il se vuide, et de suite il aide par son poids l'autre sceau à monter de même. Le réservoir, qui a 64 pieds en carré et 9 pieds de profondeur, contient 4500 muids.

Ce sont des hommes qui font mouvoir cette machine, qui allait autrefois par le moyen des chevaux.

HÔPITAL DES FOUS A CHARENTON.

C'est une maison située à deux lieues de Paris, au confluent de la Marne et de la Seine; on y traite les hommes nouvellement atteints de folie; ils y restent jusqu'à ce que leur maladie soit jugée incurable : alors on les transfère à Bicêtre.

M. Gastalli, célèbre médecin, est chargé d'administrer les soins nécessaires aux malades.

SALPÊTRIÈRE (1).

Cet établissement, créé d'après un édit de 1656, par ordre de Louis XIV, ressemble plutôt à une ville qu'à une maison. En 1790, elle renfermait 6704 individus : aussi n'y est-il pas seulement question de cours, de salles, d'ailes, de bâtimens : on n'y parle pas moins que de maisons, de places, de

---

(1) On prétend que cette maison tire son nom des salpêtres qui se fabriquaient sur cet emplacement.

rues. Et quel genre de personnes habitaient cette vaste enceinte ? Pour l'exprimer en une parole, on peut dire que tout ce qu'il y avait dans Paris et aux environs d'enfans, de filles et de femmes dépravées, perdues, soit au physique, soit au moral, était rassemblé à la Salpêtrière, pour y croupir dans l'ordure et dans la fange.

Cette maison est une de celles où les améliorations sont le plus sensibles.

D'après le recensement des individus, suivant leur classification, on compte à la Salpêtrière 240 reposantes (1), 300 grandes infirmes, 360 malades, 600 folles, 80 galeuses, 120 can-

---

(1) C'est le nom qu'on donne aux anciennes surveillantes, infirmières ou filles de service employées dans les hôpitaux, mais auxquelles l'âge ou les infirmités ne permettent plus de remplir leur service.

cérées, 200 épileptiques et 1900 septuagénaires et au-dessus.

La plupart des employées sont des indigentes reçues dans la maison.

C'est à la Salpêtrière que fut détenue en 1785, la trop célèbre madame Lamothe, qui joua un des principaux rôles lors de l'affaire du collier (1), dans laquelle la reine fut impliquée, ainsi que plusieurs personnages illustres, entr'autres le cardinal de Rohan.

MAISON DES MÉNAGES.

Rue de Sèves.

La maison actuellement connue sous le nom *des Ménages*, l'était ancien-

---

(1) Cette affaire fut portée au parlement, et jugée au commencement de l'année 1786. Le cardinal de Rohan fut pleinement acquitté et sortit de la Bastille, mais ce fut pour aller en exil à son abbaye de la Chaise-Dieu.

Madame de Lamothe fut fouettée et marquée, et l'aventurier Cagliostro banni de France.

nement sous celui des *Petites-Maisons*. Elle fut fondée par la ville de Paris en 1497.

C'était alors un établissement destiné à recevoir 538 pauvres de Paris, âgés de 70 ans révolus, garçons, filles ou veufs, et des fous déclarés incurables.

D'après un arrêté du 28 prairial an X, les insensés ont été exclus de cette maison, qui aujourd'hui est destinée à recevoir gratuitement des époux en ménage.

Un autre arrêté du 11 ventose an XI réserve, dans l'Hospice des ménages, cent chambres destinées à recevoir autant d'individus de l'un ou de l'autre sexe, veufs, âgés de 60 ans révolus, en état de justifier qu'ils ont demeuré en ménage au moins pendant 20 ans. La condition de la réception de ces individus est le paiement d'une somme de 1600 fr., indépendamment du petit mobilier nécessaire à leur usage (1) : chacun a sa chambre seul. Ces chambres ne sont accordées qu'à mesure de leur vacance ; on n'admet pas d'expectans.

Il y a une infirmerie pour des personnes attaquées de maladies aiguës. Enfin, on secourt hors de l'hospice ceux qui, y ayant été admis, préfèrent ensuite de demeurer chez eux ou chez des parens, et optent ce que l'on appelle la pension représentative. Elle est de 150 fr. pour chaque individu admis à l'hospice.

Les indigens qui vivent à l'infirmerie sont nourris et médicamentés entièrement aux frais de l'administration ; ceux

---

(1) Il doit être composé comme il suit : lit formé de couchette, paillasse, deux matelas, un traversin, deux couvertures, deux paires de draps, deux chaises, un buffet ou une commode.

qui habitent ce que l'on nomme le Préau où ils vivent, soit par ménages, soit comme veufs, dans des chambres seules, reçoivent, par individu, 3 fr. en argent tous les dix jours, une livre un quart de pain par jour, une livre de viande crue par dix jours, un double stère de bois par an. Les personnes qui sont entrées en payant la somme de 1600 fr., reçoivent de plus deux voies de charbon par an.

Le nombre des lits à placer, soit dans les dortoirs, soit dans les chambres, est fixé à 550.

INCURABLES,

Rue de Sèves.

La Maison des Incurables, rue de Sèves, fondée en 1637, est affectée exclusivement aux femmes perclues de leurs membres. Le nombre des lits y est fixé à 450. Les hommes qui habitaient cette maison, ont eu, comme dans les autres hospices d'indigens, la faculté de se retirer, en optant la pension représentative de leur place, qui est fixée à 180 fr. par individu.

INCURABLES

Du faubourg Saint-Martin.

Cette maison, destinée exclusivement aux hommes perclus de leurs membres, comme celle de Sèves l'est pour les femmes, n'existait pas avant la révolution ; c'était un couvent de récollets.

Les indigens ont deux repas par jour : ceux d'entr'eux qui ont besoin d'être habillés, le sont aux frais de l'administration ; on fournit à tous le linge nécessaire. Le grand nombre des malades est servi dans un réfectoire commun, à midi et à six heures. On ne fait plus de distribution particulière que dans la salle appelée des grands infirmes, habitée seulement par des vieillards ou des infirmes hors d'état de quitter leur lit. Incessamment on doit établir dans la maison des salles de travail.

MAISON DE RETRAITE DE MONTROUGE,

Au-delà de la barrière d'Enfer.

C'est un établissement qui date de peu d'années avant la révolution. Il a été commencé en 1781, par les soins des religieux de la Charité, et du produit de plusieurs souscriptions, pour servir de retraite et d'infirmerie à des ecclésiastiques et à des militaires. On lui donna le nom de *Maison royale de Santé.*

Cette maison est destinée à recevoir, 1°. les anciens employés des hospices ; 2°. les personnes qui, sans être dans un état d'indigence absolue, n'ont cependant pas les moyens suffisans d'existence.

Les conditions de l'admission des personnes de la première classe, sont réglées par l'arrêté du 8 nivose an X; à l'égard des personnes de la seconde classe, il faut, pour être admises, qu'elles aient atteint l'âge de 60 ans révolus, ou qu'on soit perclus de tous ses membres, ou attaqué d'infirmités incurables qui mettent dans l'impossibilité de se livrer à aucun travail. Dans ces deux cas, il faut avoir 20 ans au moins. La pension est de 200 francs pour les vieillards, de 250 pour les incurables : on est le maître de payer cette pension annuelle, ou de donner une somme fixe, laquelle diminue graduellement selon l'âge, ainsi qu'on le verra par le tableau ci-après :

Si le régime de la maison ne convient pas, on est libre de se retirer : la pension cesse ; et si l'on a donné une somme fixe, on retire ce qui en reste, après avoir déduit 200 francs pour chacune des années pendant lesquelles on a demeuré à l'hospice.

De nouvelles dispositions que l'on fait, donneront 129 places, 67 pour hommes, 56 pour femmes, dans de grandes salles affectées a chaque sexe ; et 14 places, 11 pour hommes, 3 pour femmes, dans de petits cabinets où l'on est seul.

La maison fournit aux individus qui l'habitent, tout ce qui leur est nécessaire en alimens, médicamens, habits et coucher, soit en santé, soit en maladie.

Le capital à payer en entrant dans la maison est fixé ainsi qu'il suit, savoir :

Pour les infirmes incurables.........	de 20	à 30 ans	3600 f
	30	40	2300
	40	50	2700
	50	60	2100
Pour les infirmes incurables et vieillards...	60	65	1600
	65	70	1500
	70	75	1200
	75	80	900
	et au-dessus de 80		700

HOSPICE DES ÉLÈVES DE LA PATRIE (1),

Rue des Fossés Saint-Victor, près le Jardin des Plantes.

L'ancien nom de cet hospice était la *Pitié.*

Le nombre des places destinées aux

---

(1) Il existe à Londres, ainsi qu'à Paris, plusieurs établissemens de ce genre, entr'autres l'Asyle des orphelines. Les familles qui ont besoin de servantes ; les lingères, couturières, etc., qui veulent des apprentisses, vont les chercher dans cette maison ; mais elles n'en obtiennent qu'après qu'on a pris des informations, et en s'engageant à en avoir soin pendant cinq ans; au bout

enfans dans cette maison est de 600. Ce nombre serait suffisant, au moyen des placemens qui se font au-dehors, si le réglement qui n'admet que des enfans orphelins de père et de mère était exécuté ; mais il ne l'est pas, et la quantité d'enfans entretenus dans l'hospice surpasse de beaucoup le nombre fixé.

L'administration a traité avec des entrepreneurs de travaux auxquels on a assuré un nombre déterminé d'enfans pour un tems fixe. L'administration a la faculté de changer leur destination, et de les placer au-dehors. De cette manière, il y a toujours aux Élèves de la patrie un fonds d'ateliers d'apprentifs,

---

de ce tems, la jeune fille qui s'est bien conduite dans son apprentissage ou dans sa condition, reçoit une récompense du gardien de l'Asyle. Cette rétribution a pour objet que les filles ne deviennent les victimes du libertinage.

et un autre fonds ou division qui facilite le mouvement, et par suite l'entrée des enfans qui doivent être admis. Il a été aussi établi des ateliers de tourneurs, de menuisiers, de cordonniers. Les maîtres sont aux gages de l'administration ; leurs élèves travaillent pour l'hospice même, et pour d'autres maisons hospitalières.

Le tems a été sagement partagé entre l'instruction nécessaire pour apprendre aux enfans à lire, écrire, compter, et les leçons pratiques du travail.

HOSPICE DES ORPHELINES,
Rue Saint-Antoine.

La Maison des orphelines a été destinée à recevoir 300 enfans qui sont instruits dans la lecture, l'écriture et le calcul.

HOSPICE DE LA MATERNITÉ (1),

Rue de la Bourbe, près la barrière d'Enfer.

Qui peut voir sans pitié ces frêles créatures,
Ces enfans de l'amour que la honte a proscrits ?
De leur mère jamais ils n'auront un souris ;
Ils n'auront point leur part aux caresses d'un père :
Loin d'eux ces noms si doux et de sœur et de frère !
Condamnés en naissant dans leur triste abandon,
Ils ont reçu le jour sans recevoir un nom.

(*P ème de la Pitié*, chant 2.)

L'humanité qui anime le gouvernement l'a déterminé à tendre une main

---

(1) Dans le grand nombre d'établissemens que la charité a formés dans Londres, il n'y en a qu'un seul qui soit destiné aux enfans illégitimes ; il fut fondé en 1779 par un citoyen obscur, Thomas Coram, simple capitaine de vaisseau marchand. Ce ne fut qu'après dix-sept ans d'efforts et de persévérance qu'il parvint à surmonter les obstacles et à obtenir une charte royale. Des personnes en crédit s'opposèrent à cet établissement, parce qu'elles le croyaient propre à encourager la licence des mœurs. Le philanthrope Coram n'aurait pas réussi dans son projet, s'il n'avait eu l'appui des femmes les plus respectables de la cour.

secourable à ces enfans que la misère, la honte, l'immoralité livreraient à une mort certaine.

On ne reçoit pas indistinctement dans cet hospice tous les enfans qu'on présente; on n'en reçoit que des mains de la mère, obligée de se présenter en personne avant ses couches, ou du moins de se faire connaître et de prouver ou la fuite du père ou son impuissance à subvenir aux frais de nourriture. Cette précaution trouve en partie son excuse dans les indemnités que la loi accorde aux femmes séduites; elle n'expose pas d'ailleurs le nom des mères au déshonneur d'un enregistrement.

La plus grande partie de ces enfans est élevée à la campagne. A l'âge de trois ans ils sont inoculés; de trois ans jusqu'à six on leur enseigne à lire, à écrire et à chiffrer; au-dessus de cet âge, les garçons sont employés à des exercices qui tendent à fortifier le corps, et les filles apprennent à coudre, ainsi que différens détails du ménage; à douze ans on les met en aprentissage.

Au moment où l'on dépose des enfans dans cette maison, on a la liberté de prendre des précautions nécessaires pour les réclamer dans la

Les femmes enceintes sont reçues dans cet établissement un mois avant le terme de leur accouchement, et y reçoivent les soins que leur état exige; elles sont tenues d'allaiter un autre enfant en même tems que le leur. Les secours sont prolongés aux enfans jusqu'à ce qu'ils soient assez forts pour se procurer leur subsistance. Les mères et les enfans dont on vient de parler, forment deux classes : les uns sont dans un état de santé, les autres sont infectés de cette cruelle maladie qui cor-

---

suite; mais pour retirer un enfant, il faut prouver qu'on est en état de l'établir et de lui faire un sort. Lorsque les garçons ont atteint vingt-quatre ans et les filles vingt-un, ils sont déclarés majeurs en vertu d'un acte du parlement, et alors il sont indépendans de toute réclamation. Le filles qui se marient avec le consentement des administrateurs reçoivent un petit trousseau, avec 10 livres sterling pour commencer leur établissement.

rompt la source de la génération, mais ils sont susceptibles d'être guéris.

Toutes ces mères, tous ces enfans sont assurés des secours qui leur sont propres : quatre établissemens distincts, mais qui se rapprochent les uns des autres par divers points de contact, les leur préparent.

Si l'enfant est le fruit d'un mariage légitime, si sa mère se détermine à 'allaiter elle-même, elle obtient des secours plus particuliers de la société connue sous le nom de la *Charité maternelle*.

C'est ici le cas de parler d'un établissement particulier, dépendant de l'hospice, connu sous le nom d'*Ecole des élèves sage-femmes*.

Les sage-femmes sont admises seules à l'instruction théorique et pratique donnée à la Maternité ; elles peuvent, ou s'y rendre d'elles-mêmes, à la charge de se faire agréer par les chefs, ou y venir comme envoyées de leurs départemens. Dans l'un et l'autre cas, il doit être payé, soit par l'élève, soit par son département, à sa décharge, une somme de 240 francs, moyennant laquelle les élèves sont logées, nourries, chauffées et éclairées dans l'hospice pendant six mois; on paie de plus une somme de 30 francs pour les menues dépenses et frais relatifs à l'instruction.

Il se fait deux cours d'accouchement par an; l'un commence au 1er. nivose, l'autre au 1er. messidor. La durée de chacun de ces cours est de six mois.

C'est à l'hospice de la Maternité qu'on apporte tous les enfans qui sont abandonnés de leurs parens (1).

---

(1) Tout enfant apporté à l'hospice de la Maternité est censé abandonné, c'est-à-dire que dès ce moment ses parens n'ont plus aucun droit

On voit dans l'église de cet hospice, la statue de St.-Vincent de Paule (1); exécutée par Stouf.

---

sur lui ; il est absolument à la disposition de l'état, qui le fait élever ; cependant, si ses parens avaient été déterminés à l'abandonner par des circonstances fâcheuses qui ont cessé, ils peuvent, revenus à un état plus heureux, obtenir des nouvelles de leur enfant, en consignant une somme de 30 fr., dont une partie est pour le droit de recherche, une partie pour sûreté du remboursement de la dépense que l'enfant a causée à l'administration. Si l'enfant est mort, on remet aux parens la somme de 20 fr. ; s'il est vivant, on leur présente l'état de ce qu'il a coûté à l'hospice, et, en acquittant le montant de cet état, les parens peuvent retirer leur enfant.

(1) On sait que c'est à ce bienfaiteur de l'humanité que l'on doit l'établissement des Enfans-Trouvés. Avant lui, ces orphelins, nés au sein de la misère et de la débauche, étaient jetés sur le pavé de Paris ; on les vendait à vil prix comme des animaux, et souvent ces innocentes créatures étaient mutilées, pour s'en faire des instrumens de charité.

HOSPICE CENTRAL DE VACCINATION GRATUITE.

Cet hospice, créé par arrêté du préfet du département de la Seine, en date du 18 pluviose an IX, est placé rue du Battoir n°. 2.

Les expériences sur la vaccine sont suivies, dans cet hospice, par un comité composé de douze membres, chargés par le gouvernement de correspondre avec les médecins des départemens, et de propager cette découverte.

Secours à domicile, Bureaux de bienfaisance.

La distribution des secours à domicile est confiée à 48 Bureaux de bienfaisance, répandus dans les divers arrondissemens de Paris. Ils sont composés de sept membres, nommés par le ministre de l'intérieur.

BUREAU DE LA LOCATION ET DE LA DIRECTION DES NOURRICES,

Rue Sainte-Appoline.

Cet établissement, d'abord connu sous le nom de *Bureau des Recommanderesses*, a pour objet de procurer aux habitans de la capitale la facilité de trouver des nourrices dignes de leur confiance, en même tems d'assurer aux nourrices le paiement de leur salaire, et d'établir des moyens de les surveiller.

Les nourrices sont amenées par des voituriers, connus sous le nom de meneurs, et qui sont cautionnés et pourvus d'une commission particulière.

Les nourrices ne sont admises dans l'établissement que sur un certificat qu'elles y déposent, par lequel le maire, ou l'agent municipal de leur commune, attestent leurs mœurs et l'âge de leur lait.

Pour assurer l'ordre qui doit régner dans ces opérations, on tient au bureau des registres, par ordre de numéro, de tous les enfans confiés aux nourrices.

Les meneurs sont tenus de payer aux nourrices leurs salaires, en présence des agens municipaux qui déchargent leurs registres ; on tient en même tems à la direction un compte ouvert avec chaque nourrice et les pères et mères ; on écrit à toutes les réquisitions de leur part, soit pour avoir des nouvelles de leurs enfans, ou en demander le retour ; toutes les réponses sont communiquées aux pères et mères.

ÉTABLISSEMENT DES AVEUGLES,

Rue de Charenton.

Cet établissement, fondé par S.-Louis, en 1254, en faveur de 300 aveugles, porta le nom de *Quinze-vingts*, vraisemblablement parce que 15 multiplié par 20 donne 300.

Il est composé actuellement de 420 aveugles, dont 300 dits de 1re. classe, et 120 dits de 2e. classe ou de jeunes aveugles.

Les aveugles-travailleurs, ci-devant rue St.-Denis, sont réunis à cet hospice depuis l'an IX.

Pour être admis dans cette maison, il faut être dans un état de cécité absolue et d'indigence constatée.

Tout aveugle admis dans cet hospice, est logé, nourri, habillé, chauffé, et reçoit en outre, s'il est de la 1re. classe, une rétribution de 33 centimes par jour, et s'il est de la seconde, l'entretien en entier et l'instruction dont il peut être susceptible.

Des maîtres et des répétiteurs sont institués et payés par le gouvernement, pour diriger et suivre cette instruction.

On a établi en outre, dans l'hospice, différens travaux, et notamment une fabrique de draps et une de tabac, où les aveugles qui veulent travailler, acquièrent par leur industrie une augmentation de traitement, et où les femmes trouvent un métier lucratif, leurs enfans un apprentissage et des secours.

MAISON DE SANTÉ,

Rue du faubourg Saint-Martin.

L'administration des hospices civils de Paris, voulant étendre sa bienfaisance jusqu'aux étrangers qui peuvent devenir malades, et aux personnes d'une fortune trop bornée pour se faire traiter convenablement chez elles, mais qui cependant ne voudraient pas aller dans un hôpital, a établi une maison, dans laquelle on trouve tous les secours contre toutes les maladies, et pour toutes les opérations chirurgicales.

Le prix est de deux francs par jour pour les personnes qui sont dans les dortoirs, de trois francs pour celles qui voudraient être seules dans des chambres particulières. On paie la première quinzaine d'avance, en entrant, et ensuite de même de quinzaine en quinzaine.

On ne peut qu'applaudir aux vues généreuses des administrateurs, qui ont conçu l'idée d'un pareil établissement ; il serait à désirer seulement que le local de la maison fût plus vaste.

Il existe à Paris plusieurs établissemens de ce genre, dirigés par des particuliers ; parmi ceux qui méritent d'être cités, on distingue celui de M. Wuillaume, à Chaillot, connu sous le nom de *Conservatoire de santé*. Sa position sur le bord de la Seine, sa proximité de la capitale, le jardin qui en dépend tout contribue à seconder les vues que s'est proposées M. Wuillaume.

INSTITUTION DE SAINTE-PÉRINE,

Consacrée à la vieillesse, fondée à Chaillot.

Dans cet établissement on s'est proposé de procurer une *retraite assurée* à ceux qui, accablés par l'âge ou les infirmités, n'en posséderaient aucune.

Avec une certaine somme une fois donnée, on y est nourri, vêtu et logé.

Ce qui distingue cette institution de tout ce qu'on appelle hospice, c'est que le souscripteur acquiert son existence pour le reste de ses jours, au prix de son économie, de son travail, et qu'il ne la doit ni à la pitié ni à la libéralité de ses semblables; que c'est enfin un pensionnat à vie, consacré à la vieillesse : ici le bienfait n'humilie pas l'amour-propre, puisqu'il est à soi, que la prudence et la raison en règlent le soin, l'exercice, la proportion et les rapports. Cette institution est propre à épurer les mœurs, en accoutumant les hommes à l'emploi d'un produit ou d'un superflu que trop souvent dissipent les passions et la débauche; à les exciter au travail, comme étant une ressource infaillible contre l'adversité, inséparable de la vieillesse sans fortune. Elle procure aux familles livrées entièrement à leurs affaires, et ne pouvant prodiguer des soins à leurs proches, le rare avantage d'assurer une existence honorable à des personnes qui leur sont chères. Elle donne aussi les moyens de récompenser pendant sa vie, les services qu'exige la reconnaissance, sans grever sa succession.

L'édifice de Ste.-Périne à Chaillot, est dans une situation avantageuse à l'existence de la vieillesse ; la distribution des chambres y est commode ; il y a des jardins vastes et agréables pour la promenade.

Le régime de l'institution a pour base la plus grande décence : chacun peut y recevoir les visites de ses parens et amis, avec la même liberté que chez soi, en observant les égards de la bienséance et de l'honnêteté.

SOCIÉTÉ PHILANTHROPIQUE.

Il nous reste à parler de l'association qui a le plus de droits à la reconnaissance publique; on voit qu'il est ici question de la *Société philanthropique*, qui compte parmi ses membres les personnages les plus recommandables de l'état. Cette société, qui depuis sa fondation n'a pas perdu un seul instant pour venir au secours des indigens, vient de donner une nouvelle preuve de sa sollicitude, en instituant cinq *dispensaires*, dont trois sont placés à la droite de la Seine, et deux à la gauche.

La société, dans cet établissement, a cherché à adoucir le sort de ceux qui, vivant de leur travail ou d'un modique revenu, tant qu'ils jouissent de la santé, sont dénués de ressources, lorsqu'ils sont attaqués d'une maladie imprévue. Cette classe de la société mérite une considération particulière par les services qu'elle rend, par ses mœurs domestiques, et par les rapports qu'elle a continuellement avec les autres. Un homme qui fait vivre sa famille, éprouve-t-il une maladie grave, les frais qu'elle nécessite ont bientôt épuisé ses économies. S'il ne veut contracter des dettes et se ruiner, il est forcé d'aller dans les hospices : on sent combien il est humilié de publier sa détresse, d'être nourri dans ces asyles par la charité publique;

c'est donc pour cette classe laborieuse, qui n'est point réduite à l'indigence, mais qui ne peut supporter les dépenses extraordinaires d'une maladie, que ces dispensaires ont été institués.

Sitôt qu'un malade se présente au dispensaire avec une carte, si c'est le jour d'assemblée, tous les médecins et chirurgiens examinent son état ; d'après le genre de sa maladie, et le quartier où il demeure, un d'eux s'en charge. Le malade revient au dispensaire, s'il est en état de sortir ; s'il ne l'est pas, il est visité aussi souvent que la chose est nécessaire. Le cas est-il embarrassant, le médecin en parle à ses confrères; il prend l'avis des médecins et chirurgiens consultés, qui vont aux séances des dispensaires, et qui ne refusent point de se transporter chez un malade, lorsque le cas l'exige. On remet au malade un billet, avec lequel il peut aller prendre gratuitement chez les apothicaires, les remèdes qui lui ont été prescrits : on donne même des billets de bains ; un registre est déposé dans le local de chaque dispensaire, où sont consignés le jour d'entrée du malade, le genre de la maladie, la manière dont elle s'est terminée, les observations auxquelles elle a donné lieu. Quand le malade est sorti, il rapporte la carte à celui qui la lui avait donnée, et celui-ci peut en disposer en faveur d'un autre.

CHAPITRE XI.

INSTRUCTION PUBLIQUE.

BIBLIOTHÈQUES PUBLIQUES.

BIBLIOTHÈQUE IMPÉRIALE.

La fondation de cette immense bibliothèque remonte à Charles V, en 1380. Le président Hénaut dit, dans son Abrégé chronologique, que le roi Jean possédait à peine 20 volumes, que Charles, son successeur, augmenta jusqu'à 900; collection qui passait alors pour très-considérable, et qui fut placée dans une des tours du Louvre que l'on nomma tour de la librairie. C'est de ces faibles commencemens que s'est formée la Bibliothèque nationale. Elle doit en partie sa splendeur (1) aux

---

(1) On doit aussi compter parmi les causes qui ont le plus contribué à enrichir la Bibliothèque

acquisitions qui furent faites à différentes époques par le gouvernement, telles que le cabinet de Gaignières, composé de plus de 2000 volumes manuscrits, ceux de l'abbé de Louvois, d'Etienne Baluze, de Charles d'Osier, trésor précieux pour notre histoire et nos généalogies : mais elle doit ses plus grandes augmentations à monsieur de Colbert, qui l'augmenta de plus de 60,000 volumes imprimés, et de 8000 manuscrits (1) ; au cardinal de Fleury et à

---

impériale, l'ordonnance de Henri II, rendue en 1556, laquelle enjoignait aux libraires de fournir aux bibliothèques royales un exemplaire en vélin de tous les livres qu'ils imprimeraient par privilége. La loi du 19 juillet 1793 ordonne de déposer deux exemplaires de chaque ouvrage, afin d'acquérir par-là le droit de propriété, et de pouvoir poursuivre les contrefacteurs.

(1) Il l'a fit transporter dans l'édifice qu'elle occupe maintenant, bâti à cet effet : on fait des préparatifs au Louvre pour recevoir cet immense dépôt.

M. de Maurepas, qui envoyèrent en Orient, par ordre du roi, des savans, pour y recueillir tout ce qu'ils pourraient trouver de manuscrits grecs et orientaux. A ces augmentations il faut encore joindre celles qu'elle a reçues par la suppression des maisons religieuses et des bibliothèques qui en faisaient partie ; telles que celles de l'abbaye Saint-Germain-des-Prés (1), de Saint-Victor (2). etc.

---

(1) Cette bibliothèque, qui fut en partie incendiée le 19 août 1794, était devenue considérable par les libéralités de plusieurs hommes connus par leur érudition, entr'autres Baudrand, Eusèbe Renaudot, le savant le plus versé dans les langues orientales au commencement du dernier siècle, le chancelier Séguier. Le concours de toutes ces bibliothèques avait tellement enrichi celle de l'abbaye de Saint-Germain-des-Prés, qu'elle était devenue une des plus considérables de l'Europe, soit pour la quantité, soit pour le choix des manuscrits et pour leur rareté.

La Bibliothèque impériale est ouverte aux littérateurs, tous les jours depuis 10 heures jusqu'à 2, excepté les dimanches, et aux curieux, les mardi et vendredi, aux mêmes heures.

Cet établissement est composé :

1°. De la Bibliothèque proprement dite (1).

Les bibliothécaires et les savans religieux qui ont habité cette maison, avaient contribué aussi de leur côté à l'enrichir. Parmi ces savans, la littérature n'oubliera jamais les services que lui ont rendus les Luc d'Acheri, les Mabillon, les Ruinart, les Félibien, et sur-tout Bernard de Montfaucon, connu par un grand nombre d'ouvrages marqués au coin de la plus vaste érudition.

(2) La bibliothèque de Saint-Victor, également accrue par la libéralité de plusieurs personnes, était riche principalement en manuscrits, en cartes et mémoires géographiques.

Cette abbaye pouvait se glorifier à juste titre de compter parmi les hommes qui l'ont illustrée, J.-B. Santeuil, le plus grand poëte latin du 17e. siècle.

(1) Dans la troisième salle de la Bibliothèque, on remarque

2°. Du cabinet des antiquités et médailles, formé en grande partie avec le cabinet du célèbre Caylus. Ce cabinet est contigu à la première salle des livres imprimés (1).

3°. Le cabinet des gravures, dans un entresol à main gauche du grand escalier, est formé de 5000 volumes, divisés en 12 classes. La 1ère. comprend les sculpteurs, architectes et graveurs,

---

1°. Le Parnasse français, en bronze, donné par Titon Dutillet.

2°. Deux globes d'une étendue immense, inventés et construits en 1683 par le jésuite Coronelli; ils ont 11 pieds 11 pouces de diamètre, c'est-à-dire 34 pieds 6 pouces et quelques lignes de circonférence; les grands cercles de bronze, de plus de 13 pieds de diamètre, qui en font les horizons et les méridiens, ont été construits par Bullerfield.

(1) C'est dans la salle du cabinet des antiques que se tient le cours d'archéologie et de langues orientales.

divisés par écoles; la 2ᵉ. les estampes, emblèmes et devises de piété; la 3ᵉ. les fables et antiquités grecques et romaines; la 4ᵉ. les médailles, monnaies et blâsons; la 5ᵉ. les fêtes publiques, cavalcades et tournois; la 6ᵉ. les arts et les mathématiques; la 7ᵉ. les estampes relatives aux romans et facéties; la 8ᵉ. l'histoire naturelle de tous les genres; la 9ᵉ. la géographie; la 10ᵉ. les plans et élévations des édifices anciens et modernes; la 11ᵉ. des portraits de tous états, au nombre de plus de 50,000; la 12ᵉ. le recueil des modes et costumes de presque tous les pays du monde; entr'autres, le porte-feuille de Gaignières, qui renferme la collection des modes françaises, depuis Clovis jusqu'à nos jours.

4º. La galerie des manuscrits au-dessus du cabinet des estampes.

Ce précieux dépôt s'est beaucoup enrichi des manuscrits venus de la Belgique et de l'Italie (1), et de tous ceux qui, faisant partie autrefois d'autres dépôts publics ou particuliers, ont pu mériter d'entrer dans celui-ci.

BIBLIOTHÈQUE DU PANTHÉON,

Ci-devant Sainte-Geneviève.

Cette bibliothèque, la plus considérable après la bibliothèque nationale, est composée d'environ 80,000 volumes, et 2,000 manuscrits. Elle renferme un

---

(1) Les objets les plus importans que nous avons acquis par la conquête de l'Italie, sont

Un grand nombre de livres d'éditions antérieures à 1476 ;

Les manuscrits de Léonard de Vinci ;

Un manuscrit sur papyrus ;

L'Herbier de Haller, en 60 volumes ;

La collection des substances volcaniques recueillies par Spallanzani.

grand nombre d'éditions anciennes, et très-rares; elle fut enrichie de 16,000 volumes en 1710 par M. Letellier, archevêque de Reims.

Le pourtour est orné de quantité de bustes, parmi lesquels on remarque ceux de Jules-Hardouin Mausard, du chancelier Letellier, par Coisevox, et celui d'Antoine Arnault, sculpté par Girardon.

Elle est ouverte au public tous les jours, excepté le dimanche, depuis 10 heures jusqu'à 2.

On y voit un morceau fort curieux, représentant la ville de Rome, en relief, exécuté en 1776 par M. *Grimani*.

BIBLIOTHÈQUE DE L'ARSENAL.

Cette bibliothèque, qui doit être incessamment transférée au palais du sénat-conservateur, fut achetée, après la mort de M. de Paulmy-d'Argenson, par le comte d'Artois, frère de Louis XVI.

On voit encore à une des extrémités de la bibliothèque une partie de l'appartement de Sully, assez bien conservée. C'était le cabinet où ce sage ministre, le confident et l'ami de son roi, méditait le bonheur de la France; ce qui reste de la décoration suffit pour indiquer le goût de ce siècle.

BIBLIOTHÈQUE DES QUATRE-NATIONS,

Ci-devant Mazarin.

Cette bibliothèque, fondée par le cardinal Mazarin en 1661, est ouverte au public tous les jours, excepté les dimanches, depuis dix heures jusqu'à deux; on y voit le buste de feu M. Azzara, dont la mémoire doit être chère aux artistes; au bas de ce buste, en bronze, on lit cette inscription : *Non ultrà fas trepidat.*

BIBLIOTHÈQUE DU CONSEIL D'ÉTAT.
. . . .
BIBLIOTHÈQUE DE L'INSTITUT NATIONAL.

Elle est dans les salles occupées par l'institut au Louvre ; le public y entre le mardi et le jeudi.

Outre les bibliothèques publiques que nous venons de citer, Paris en renferme encore plusieurs autres, tenues par des particuliers, parmi lesquelles on distingue celle qui est placée près l'École de médecine, dans la Cour du commerce, n°. 23 ; elle est ouverte à toutes les classes de lecteurs : cependant elle est plus particulièrement destinée aux étudians en médecine, chirurgie et pharmacie, et aux jeunes gens qui suivent les cours du collége de France et du jardin des Plantes.

Tome I.

INSTITUT NATIONAL DES SCIENCES ET DE ARTS,

Au Louvre.

L'Institut national remplace les académies (1) qui subsistaient avant la révolution, et qui ont été supprimées par un décret de la convention, du 18 juillet 1795.

Cette société a pour objet le perfectionnement des sciences et des arts.

---

(1) Ces académies, au nombre de six, étaient :
L'académie française, fondée par le cardinal de Richelieu ;
Celle des sciences ;
Des inscriptions et belles-lettres ;
D'architecture, fondées par Louis XIV ;
De peinture et de sculpture, créée par Mazarin ;
De chirurgie, fondée en 1774.

Elle est composée de membres résidant à Paris, d'un certain nombre de correspondans dans les différentes parties de l'empire, ainsi que des savans étrangers qu'elle s'associe.

L'Institut national, depuis l'organisation du 3 pluviose an XI, est divisé en quatre classes.

La première, composée de soixante membres, est formée de dix sections désignées ainsi qu'il suit :

Sciences mathématiques.

Géométrie ;
Mécanique ;
Astronomie ;
Géographie et Navigation ;
Physique générale.

Sciences physiques.

Chimie ;
Minéralogie ;

Botanique;

Économie rurale et art vétérinaire;

Anatomie et zoologie;

Médecine et chirurgie.

Cette classe tient ses séances ordinaires les lundi, et ses séances publiques en vendémiaire.

La seconde classe, composée de quarante membres, est particulièrement chargée de la confection du dictionnaire de la langue française, de l'examen des ouvrages de littérature, d'histoire et des sciences; c'est elle qui remplace l'académie française (1). Elle tient ses séances

---

(1) L'académie française, fondée, comme l'on sait, sous Louis XIII, en 1635, se borna, dans le principe, à une compagnie de neuf personnes, liées ensemble d'amitié, du nombre desquelles étaient Chapelain et Conrade. L'incommodité d'aller souvent se chercher les uns les autres sans se trouver, les fit résoudre de s'assembler régulièrement un jour de la semaine chez Con-

ordinaires le vendredi, et ses séances publiques en nivose.

Les langues savantes, les antiquités et les monumens, l'histoire et toutes les sciences morales et politiques dans leur rapport avec l'histoire, sont les objets des recherches et des travaux de la troisième classe, remplaçant l'académie des inscriptions et belles-lettres. Elle est composée de quarante membres, tient ses

---

rade, secrétaire du roi. Ces conférences étaient suivies tantôt d'une collation, tantôt d'une promenade qu'ils faisaient ensemble. Le cardinal de Richelieu ayant eu connaissance de ces assemblées par l'abbé de Boisrobert, entrevit d'abord tous les avantages que la France pouvait tirer d'une telle société ; il offrit sa protection à ceux qui la composaient, et autorisa ensuite la compagnie par lettres-patentes : elle tint long-tems ses séances rue de Grenelle Saint-Honoré, dans l'ancien château de plaisance de Catherine de Médicis, devenu depuis l'hôtel des Fermes.

séances ordinaires le vendredi, et ses séances publiques en germinal.

La quatrième classe, composée de vingt membres, et remplaçant les académies d'architecture, de peinture et de sculpture, tient ses séances ordinaires le samedi, et ses séances publiques en messidor; elle est divisée en cinq sections, désignées ainsi qu'il suit :

Peinture ;

Sculpture ;

Architecture ;

Gravure ;

Musique (composition).

La gravure et la musique, qui ne faisaient partie d'aucune académie, ont été réunies aux autres sections des beaux-arts, lors de la formation de l'Institut.

Dans la première organisation, la déclamation faisait partie de la quatrième classe.

L'Institut reçoit annuellement du trésor public 1500 francs pour chacun de ses membres résidans, et de plus, 600 f. pour chacun des secrétaires perpétuels.

Chaque classe distribue également tous les ans des prix dont le nombre et la valeur sont réglés ainsi qu'il suit :

La première classe, un prix de 3000 f.

La deuxième et la troisième, chacune un prix de 1500 f.

Et la quatrième classe, de grands prix de peinture, de sculpture, d'architecture et de composition musicale. Ceux qui ont remporté un de ces quatre grands prix sont envoyés à Rome, et entretenus aux frais du gouvernement.

La gravure, qui dans la précédente organisation avait été exceptée de cette disposition, vient d'obtenir le même avantage.

N. B. On voit encore près de la salle où s'assemble aujourd'hui l'institut pour ses séances particulières, la chambre où mourut Henri IV.

MUSÉE D'HISTOIRE NATURELLE,

et Jardin des Plantes.

Cet établissement est composé d'un jardin de botanique, d'une collection d'histoire naturelle et d'une ménagerie d'animaux vivans. Il offre en petit le tableau de l'univers dans ses productions de tout genre.

Pour mettre plus d'ordre dans cette description, nous traiterons chacun de ces objets séparément.

I.
LE JARDIN.

La partie du midi de ce jardin est divisée en quatre carrés, et plantée d'arbres qui peuvent croître dans notre climat. Le 1er. carré contient tous les arbres verts ; le 2e., tous les arbres à fleurs et à fruits de l'automne ; le 3e., les arbres qui fleurissent l'été ou qui procurent de l'ombrage ; et le 4e., les arbres qui fleurissent au printems.

La partie du nord, également divisée en quatre carrés, offre dans le premier, la seconde partie des arbres qui fleurissent au printems; dans le suivant, une pépinière de transplantation d'arbres étrangers; dans le 3e., une pépinière d'arbres indigènes; et dans le 4e., une autre pour les arbres toujours verts.

Un très-vaste bassin, dont le fond se trouve de niveau avec le lit de la rivière, sépare les carrés de la partie du milieu. Les talus de ce bassin qui forme l'un de ces carrés, sont couverts de plantes aquatiques ; un autre est destiné aux plantes vivaces, tant exotiques qu'indigènes, en usage dans les arts et propres à l'ornement des jardins; un 3e. contient toutes les plantes vivaces propres à la pharmacie, et le dernier est un parterre avec deux pièces de gazon à l'entrée du jardin du côté de la rivière.

Dans la partie haute de ce jardin, donnant sur la rue des Fossés-Saint-Victor, on voit un monticule où l'on a pratiqué une route en spirale, dirigée vers un kiosque circulaire, en bronze, formant un élégant *belvédère*; de ce point la vue s'étend sur Paris et les environs.

On a planté dans cette partie des pins et des cèdres, qui offrent à l'œil des sites très-pittoresques et des points de vue fort agréables (1).

---

(1) C'est sur un des côtés de ce tertre, et au milieu des pins et autres arbustes, que fut placé, en 1790, le buste du fameux Linné, avec une inscription qui rappelle les grands services que cet illustre naturaliste a rendus à la science de la botanique. Il est vraisemblable que la reconnaissance que lui doit l'histoire naturelle sera consacrée par un monument élevé à sa gloire

Ce jardin a été agrandi de plusieurs arpens de terrain depuis l'an XI, à partir de l'amphithéâtre situé du côté de la rue de Seine jusque vers le bord de la rivière; on en a formé une espèce de vallée champêtre, nommée la *Vallée suisse*. Elle présente quantité de cabanes fermées par des grillages de châtaigniers, enlacés les uns dans les autres, avec beaucoup d'art, à la manière suisse. On a varié les habitations qui sont d'une forme et d'un dessin différens. Aux extrémités de cette enceinte, s'élèvent des monticules semés de gazons. Toutes les cabanes sont formées de bûches couvertes de leur écorce; les portes, les fenêtres, les toitures sont toutes façonnées en rondins. Le terrain a une direction inclinée vers le centre, où se

---

dans ce magnifique jardin, semblable à celui qu'on vient de lui ériger à Stockholm.

trouve un enfoncement qui partage la vallée en deux, et sur lequel on a jeté un pont, formé de troncs d'arbres d'environ 36 ou 40 pieds de long sur 5 à 6 de circonférence, joints ensemble avec une étonnante précision.

Dans la partie de la vallée qui fait face à la salle de démonstration, sont réunis les animaux d'une espèce rare; l'autre partie est encore plus pittoresque. Des deux côtés s'élèvent des habitations construites comme les autres, couvertes de chaume et de roseaux, quelques-unes en tourelles, ouvertes de toutes parts, où l'on monte par des escaliers très-étroits, très-escarpés, et dont chaque degré est une bûche. Des boucs et des chèvres, entourés de leurs petits, gravissent le sommet de ces collines, et différentes espèces de cerfs d'Europe et du Gange remplissent des enclos séparés. Au milieu de la vallée est une pièce d'eau ombragée de saules pleureurs.

Lorsque les accroissemens qu'on doit encore donner à ce jardin seront terminés, rien ne pourra lui être comparé.

CABINET D'HISTOIRE NATURELLE.

Ce cabinet, est divisé en quatre pièces.

La première est entièrement consacrée au règne végétal.

La deuxième renferme tout ce qui appartient au règne minéral.

Dans la troisième salle sont rangés à droite et à gauche de la porte d'entrée, tous les coquillages divisés par familles, et à droite les papillons et les insectes; en face sont placés les oiseaux.

Dans le fond se voient les éponges, coraux, lithophites, madrépores et zoophites, etc.

Toute la partie droite de la quatrième salle est occupée dans toute sa longueur par des objets anatomiques en cire ou injectés.

Une cinquième pièce qui vient à la suite contient la bibliothèque.

La statue pédestre de Buffon (1), en marbre blanc, faite de son vivant par ordre du gouvernement, est placée dans cette bibliothèque.

Le cabinet d'histoire naturelle est ouvert au public les mardi et vendredi de chaque semaine, depuis 3 heures jusqu'à la nuit, pendant l'hiver; et depuis 4 heures jusqu'à 7, pendant le printems et l'été.

---

(1) Les professeurs du jardin des Plantes présentèrent en l'an V une pétition au directoire exécutif, pour qu'il leur permît d'élever un monument à Buffon. Ce monument, dont le plan fut projeté par l'architecte Molinos, était un hémisphère placé au milieu des eaux, qui, par la ré-

Les lundi, mercredi et samedi sont consacrés aux étudians, depuis 11 heures jusqu'à 2.

COURS PUBLICS,

Relatifs à l'enseignement de l'histoire naturelle.

Chaque année, dans les premiers mois du printems, les cours s'ouvrent successivement, et sont distribués pour les jours et les heures, de manière que la même personne peut non-seulement les suivre tous, mais encore se livrer à l'étude dans les galeries ouvertes aux élèves les lundi, mercredi et samedi, depuis 11 heures jusqu'à 2; les

---

flexion, offrait l'autre moitié ; une main traçait sur sa surface la géographie physique du globe; Buffon était placé à son sommet, ainsi qu'une statue de la Nature, à demi voilée, à qui Buffon arrachait son voile.

jours publics étant les mardi et vendredi.

Le cours qui commence ordinairement le premier est celui de physiologie végétale et de botanique; c'est au mois de germinal que l'ouverture s'en fait; les séances commencent à 7 heures du matin.

L'ouverture du cours de botanique, qui se fait par des herborisations, à la campagne, suit de près celui du muséum.

On démontre dans le cours de culture et de naturalisation des végétaux, des connaissances pratiques que l'on ne peut enseigner avec méthode et intérêt que dans cet établissement. Chaque séance commence de très-bonne heure, pour que les cultivateurs, les jardiniers puissent le suivre sans nuire à leurs travaux; ce cours est d'ailleurs suivi par beaucoup d'amateurs. C'est là que l'on fait l'application des principes de physiologie végétale.

Le cours de minéralogie, et ceux qui ont pour objet le règne animal, s'ouvrent successivement dans le courant des deux mois suivans; ceux-ci se font d'ordinaire dans les galeries du muséum, afin de faire subir le moins de déplacement possible aux objets que l'on met sous les yeux des élèves.

L'enseignement qui a pour objet la connaissance du règne animal, forme trois divisions, partagées entre trois professeurs; un seul est chargé de démontrer les mammifères et les oiseaux; un autre les poissons et les reptiles; un troisième enfin démontre toutes les autres classes comprises sous la dénomination d'animaux sans vertèbres. Cette dénomination, qui partage tout le règne animal en deux grandes divisions, est le résultat des observations de M. Lamarck.

Un cours non moins important est

celui de chimie générale; c'est aussi un des plus suivis : il se fait dans l'amphithéâtre. Le cours de géologie ou d'histoire naturelle du globe, celui de chimie appliquée aux arts, se font également au muséum.

Le cours d'anatomie comparée des animaux se fait l'après-midi dans l'amphithéâtre : les dames n'y sont point admises, à moins qu'elles n'exercent une profession qui leur rende nécessaire le genre de connaissances qu'on y professe.

Un cours annuel, qui s'ouvre vers la fin de l'été dans la bibliothèque, a pour objet d'enseigner à dessiner, à peindre les productions de la nature, ou l'iconographie; enfin le cours d'anatomie humaine complète l'instruction que l'on vient chercher dans cet établissement; il s'ouvre dans le premier mois d'automne, et se fait l'après-midi.

Noms des professeurs.

MESSIEURS,

Haüy, *minéralogie.*
Faujas Saint-Fond, *géologie ou histoire naturelle du globe.*
Fourcroi, *chimie générale.*
Brongniart, *chimie des arts.*
A. L. Jussieu, *botanique à la campagne.*
A. Thouin, *culture et naturalisation des végétaux.*
Geoffroy, *mammifères et oiseaux.*
Lacépède, *reptiles et poissons.*
Lamarck, *insectes, coquilles, madrépores, etc.*
Portal, *anatomie de l'homme.*
Cuvier, *anatomie des animaux.*
Vanspaendonck, *iconographie, ou l'art de dessiner et de peindre les productions de la nature.*

MÉNAGERIE.

Cette ménagerie renferme des animaux originaires des quatre parties du globe;

SAVOIR:

Quadrupèdes.

Le lion;
Le tigre;
La panthère mâle;
Le léopard;
L'hyène mâle;
L'ours blanc ou maritime;
L'ours brun des Alpes;
Le loup;
L'éléphant;
Le chameau;
Le dromadaire;
La chèvre des Alpes ou chamois;
La biche d'Asie;
La chèvre d'Angora;

2 fascolomes (1);
Le kanguroo (2);

Oiseaux.

L'aigle des Alpes;
Le vautour;

---

(1) Ces quadrupèdes, entièrement inconnus aux naturalistes, et faisant partie des envois du capitaine Baudin, sont originaires de la côte occidentale de la Nouvelle-Hollande; ils ressemblent à la marmotte par la forme de la tête, le nombre, la nature et l'arrangement de leurs dents, et par la conformation des pieds de devant, dont ils se servent pour se creuser un terrier; mais ils en diffèrent par l'existence des poches sous le ventre des femelles, et par tout l'appareil des organes de la génération, qu'ils ont comme le sarigue de Buffon; ils vivent sous terre, dorment le jour, et s'occupent la nuit de la recherche de leur nourriture.

(2) Le kanguroo, également originaire de la Nouvelle-Hollande, était inconnu à M. de Buffon. Cet animal est à-peu-près de la taille d'un daim

L'autruche ;
Le hocco noir ;
Le grand duc.

N. B. Les étrangers qui désireraient avoir de plus amples détails sur cette ménagerie, doivent se procurer l'ouvrage qui a pour titre : *La ménagerie*

---

de moyenne grandeur ; sa couleur est d'un brun jaune ; sa tête ressemble à celle du macoo des Indes-orientales ; ses jambes de derrière, du double plus longues que celles du devant, lui servent pour s'élancer avec une rapidité telle, que rarement l'on voit celles-ci poser par terre. Quand il est en repos il se lève quelquefois sur ses jarrets de derrière, et alors il a l'air d'une personne debout ; il regarde au loin, et ses deux pattes de devant ressemblent à deux petits bras, qu'il tient posés sur son estomac ; il s'en sert communément pour fouiller la terre : sa queue, d'une force prodigieuse, lui sert d'arme défensive ; les coups qu'il porte avec elle sont assez forts pour casser les jambes d'un homme ou les reins d'un chien ; elle lui sert encore de point d'appui, de bâton, de troisième jambe de derrière, pour sauter avec plus de légèreté.

du *Muséum d'histoire naturelle*, ou *Description et histoire des animaux qui y vivent ou qui y ont vécu*, grand *in-folio*, par MM. Lacépède et Cuvier, Geoffroi, etc., avec des figures peintes d'après nature par Maréchal et de Wailly, peintres du Muséum.

COLLÉGES, PRYTANÉE, LYCÉES, ÉCOLES PUBLIQUES.

On comptait avant la révolution dix colléges de plein exercice, dans lesquels on enseignait les langues française et latine. Ces colléges, qui depuis ont été remplacés par le Prytanée, l'Ecole polytechnique et les Ecoles centrales, remplacées à leur tour par les Lycées, étaient immédiatement soumis à l'Université, composée alors des quatre facultés suivantes : la Théologie, le Droit, la Médecine, et les Arts.

On a prétendu à tort que l'université devait son établissement à Charlemagne ; il y a apparence que ce fut sous le règne de Louis-le-Jeune (1) que l'université prit naissance; encore le nom d'Université ne commença-t-il à être employé que sous Saint-Louis, et on peut regarder Pierre Lombard comme son fondateur. Alors s'établirent quel-

---

(1) Le 12ᵉ. siècle est bien remarquable par l'utilité des écoles qui se formèrent dans les cathédrales et dans les monastères : ce n'est pas que l'on puisse faire cas des ouvrages qui s'y composèrent, tels que *la Chronique*, *les Légendes*, *les Traités scholastiques*, etc., mais parce que ce sont ces écoles qui ont sauvé presque tous les ouvrages anciens. Les moines copiaient les livres ; c'était leur fonction journalière, et sans eux peut-être toutes les richesses de l'antiquité seraient perdues pour nous : ces écoles servaient aussi à l'instruction de la jeunesse qui y était élevée ; mais bientôt les collèges prirent la place des écoles. Paris était devenu le centre des lettres; on y accourait de toutes les parties de l'Europe, et le nombre des étudians y égalait presque celui des citoyens : en 1461 le recteur offrit d'en amener 25,000 aux obsèques de Charles VII.

ques colléges différens des écoles dépendantes des chapitres, telle que l'école de Saint-Germain-l'Auxerrois, d'où le quai de l'École a pris son nom. L'université s'accrut considérablement sous St.-Louis, mais son état le plus florissant fut sous Charles VI. On ne peut lire sans étonnement les priviléges (1) dont l'université jouissait ainsi que ses écoliers ; la science semblait alors un tel prodige, qu'on ne croyait pou-

---

(1) Le recteur de l'université donnait les pouvoirs aux prédicateurs. Ni lui ni ses écoliers ne contribuaient à aucune charge de l'état ; leurs causes étaient commises devant le prévôt de Paris ; la signature du prévôt intervenait dans les actes publics et les traités ; l'université députait aux conciles ; dès qu'il lui semblait qu'on donnait quelque atteinte à ses priviléges, elle fermait ses écoles, les prédicateurs cessaient leurs prédications, et les médecins abandonnaient leurs malades : la cour était obligée de satisfaire l'université.

Tome I.

voir trop faire pour un corps qui en était dépositaire. La fin du règne de Charles VI vit la diminution du crédit de l'université par la fin du schisme et par l'invasion des Anglais, qui n'avaient personne à ménager.

Au seul nom de l'université, le souvenir des hommes célèbres qui ont illustré ce corps se présente à l'imagination; on croit encore converser avec ce précieux instituteur, dont le cœur et la plume furent animés par l'amour du bien public, l'enthousiasme de la vertu, le respect pour les mœurs. A ce portrait il est facile de reconnaître M. Rollin, à qui le grand Frédéric se plaisait à rendre justice, en disant que *des hommes tels que lui marchent à côté des souverains.*

Avant d'exposer le système actuel de l'instruction publique, il nous paraît à propos de remonter aux établissemens qui ont remplacé immédiatement les colléges; on voit qu'il est ici question des écoles normales et des écoles centrales.

DE L'ÉCOLE NORMALE (1).

Cette institution, créée par le comité de salut public, eut pour but de former des instituteurs et des professeurs pour toute l'étendue de la république. Dans une première séance, les professeurs

---

(1) L'école normale fait époque dans le système de l'instruction publique ; elle offrit le premier exemple de leçons orales, données en même tems sur toutes les parties des connaissances humaines ; des sténographes recueillaient ces leçons, qui sur-le-champ, multipliées par l'impression, se propageaient dans tous les coins de la France avec une inconcevable activité.

L'ouverture de cette école se fit le 1er. pluviose an III, à l'amphithéâtre du Muséum d'histoire naturelle.

parlaient seuls; dans la séance suivante, les mêmes objets étaient traités, et les élèves pouvaient parler. Le journal sténographique, qui leur était remis sous les yeux un ou deux jours à l'avance, en leur rappelant ce que les professeurs avaient dit dans la séance précédente, était bien propre à les pénétrer de l'objet soumis à leurs réflexions.

Cette école, à laquelle on avait attaché pour professeurs les hommes les plus célèbres dans tous les genres (1), fit place, six mois après sa création, aux écoles centrales.

---

(1) La Harpe y professait la littérature, Sicard la grammaire, Bertholet la chimie, Lagrange et Laplace les mathématiques, etc.

L'école normale fut formée de 1,200 élèves, payés par le gouvernement. Le plus grand nombre de ces élèves, qui avaient été choisis par leurs concitoyens, étaient déjà initiés dans les sciences qu'ils se proposaient d'approfondir.

DES ÉCOLES CENTRALES.

Ces écoles, créées en l'an III dans chaque département, pour tenir lieu des universités et colléges supprimés, quoique n'ayant pas obtenu tout le succès (1) que le législateur en avait espéré, n'en ont pas moins acquis des droits à la reconnaissance publique, par les services qu'elles ont rendus.

Une bibliothèque était attachée à chacune de ces écoles: Paris en renfermait quatre.

---

(1) Le principal reproche qui a été fait à ces établissemens, était de n'avoir pas assez d'ensemble, d'unité; tout y était isolé, décousu, et les jeunes gens se jetaient à travers les cours, selon leurs caprices, n'y apportant pas les connaissances préliminaires, sans lesquelles ils devaient rester constamment en arrière. Le passage des écoles primaires aux écoles centrales était trop brusque, ce qui occasionnait une lacune funeste entre ces deux degrés d'instruction.

Exposé du systéme actuel de l'instruction publique.

La plupart des institutions qui entrent dans le nouveau plan de l'instruction publique n'étant encore que projetées, nous nous contenterons d'en faire connaître les bases, et nous nous bornerons aux établissemens actuellement en activité, en indiquant les changemens qui doivent y être apportés.

L'instruction est donnée 1°. dans les écoles primaires; 2°. dans des écoles secondaires établies par les communes ou par des maîtres particuliers.

Sont réputées telles celles dans lesquelles on enseigne les langues latine et française, les premiers principes de la géographie, de l'histoire et des mathématiques. Les élèves qui fréquentent ces écoles jouissent de la prérogative d'être admis aux lycées par la voie du concours; 3°. dans les lycées; 4°. dans les écoles spéciales.

Avant de parler des lycées, nous devons entretenir le lecteur de l'établissement qui a guidé le gouvernement dans le plan qui vient d'être adopté, c'est-à-dire le prytanée.

PRYTANÉE.

Cet établissement, intéressant sous tant de rapports, et dont la première idée est due au sénateur Lucien Bonaparte, alors ministre de l'intérieur, date de l'an IX. Il fut divisé dans l'origine en trois sections établies, la première à Paris, la seconde à Saint-Cyr, et la troisième à Compiègne.

La maison de Saint-Cyr est aujourd'hui uniquement affectée au Prytanée; le collége de Paris a été converti en lycée par un arrêté du gouvernement, et celui de Compiègne, désigné sous le titre de *Collége des arts et métiers*, est exclusivement destiné à former des jeunes gens dans les professions mécaniques. Les élèves admis dans ces maisons, sont entretenus aux frais du trésor public.

Le Prytanée (1), qui est un établissement absolument distinct de ceux dont il vient d'être parlé, est essentiellement destiné à fournir une éducation gratuite aux enfans des militaires tués

---

(1) Prytanée, prytane, mot dérivé du grec, signifie chef, administrateur. C'était le nom de certains magistrats d'Athènes, chargés de rendre la justice, de maintenir la police dans l'état, etc. etc. On nommait prytanie le tems de l'exercice de leurs fonctions, et prytanée un vaste édifice où les prytanes tenaient leurs assemblées, et où étaient entretenus aux dépens du public ceux qui avaient rendu des services importans à la patrie.

au champ d'honneur (1), et des fonctionnaires civils, victimes de leur dévouement.

Outre les élèves entrenus par le gouvernement, on reçoit des pensionnaires qui sont à la charge des parens.

L'Empereur prononce seul l'admission des élèves salariés par le gouvernement, sur les rapports du ministre de l'intérieur.

La discipline est essentiellement militaire.

Tout ce qui est relatif aux belles-lettres et aux sciences exactes, fait partie de l'enseignement qu'on reçoit au Prytanée. Le terme des études pour les élèves est fixé à 18 ans; le gouvernement

---

(1) La maison de Saint-Cyr avait été fondée par madame de Maintenon, à la suite des guerres d'Alsace, pour l'éducation de 300 jeunes demoiselles nobles, dont les parens avaient péri sur le champ de bataille.

leur assure, au sortir du collége, des emplois dans la carrière à laquelle ils ont été destinés.

LYCÉES (1).

Il doit être établi un lycée au moins par arrondissement de tribunal d'appel.

L'instruction donnée dans ces établissemens, qui remplacent les écoles centrales, comprend l'étude de la littérature ancienne et moderne dans tous ses degrés, et celle des sciences mathématiques et physiques, nécessaire dans le plus grand nombre de professions (2).

---

(1) Le Lycée était un lieu près d'Athènes, orné de portiques et de jardins, où Aristote enseignait la philosophie ; on l'a dit, par extension, de tout lieu où s'assemblent les gens de lettres ; et dans la nouvelle organisation de l'instruction publique ce mot remplace celui de collége.

(2) Les langues vivantes des peuples voisins, avec lesquels la France a des communications

Les lycées reçoivent quatre genres d'élèves :

1°. Ceux que le gouvernement y place immédiatement.

2°. Ceux des écoles secondaires qui y entrent par le concours.

3°. Les enfans que les parens y mettent en pension.

4°. Les élèves externes.

Lorsque les élèves ont fini leurs six années d'étude, qui est le terme fixé pour l'éducation, leur application et leurs progrès trouvent une nouvelle carrière d'espérance et de succès. Deux dixièmes d'entr'eux sont placés dans les diverses écoles spéciales, où ils continuent d'être instruits et entretenus aux frais du trésor public, de manière à ac-

---

immédiates, sont enseignées dans plusieurs lycées.

quérir avec gloire un état et une existence assurés.

Paris renferme quatre lycées, savoir : le Lycée impérial qui a succédé au Prytanée dans l'emplacement du collége *Louis-le-Grand*; le second, au collége des Quatre-Nations; le troisième, à l'ancienne maison des Jésuites, rue St.-Antoine, et le quatrième au ci-devant couvent des Capucins de la Chaussée-d'Antin.

ÉCOLES SPÉCIALES.

On désigne par ce nom celles des écoles publiques supérieures, où l'on enseigne en particulier et dans toute leur profondeur les sciences utiles, la jurisprudence, la médecine, l'histoire naturelle, etc.

Il ne faut pas néanmoins confondre ce genre d'écoles avec celles du génie, de l'artillerie, des ponts et chaussées, d'hydrographie, de géographie, qui, toutes spéciales qu'elles sont essentiellement, en raison des sciences qu'on y enseigne en particulier, sont mieux déterminées cependant par le nom d'écoles de services publics, à cause de l'utilité immédiate qu'en retire le gouvernement.

COLLÉGE DE FRANCE,

Place Cambray.

De tous les établissemens consacrés à l'enseignement public, le collége de France est le seul qui ait conservé sa première dénomination. Ce collége, fondé en 1531 par François Ier., a été institué pour servir de complément à l'instruction publique.

Les cours qu'on y suit sont ceux,
D'astronomie ;
De mathématiques ;

De physique générale;
De médecine;
D'anatomie;
De chimie;
D'histoire naturelle;
D'histoire et philosophie;
De langues anciennes;
De littérature grecque;
D'éloquence latine.

Nota. Dans le nouveau plan d'instruction, il doit être établi une école de mathématiques transcendantes, et une école spéciale de géographie, d'histoire et d'économie publique.

ÉCOLE POLYTECHNIQUE (1).

Cette école, créée pendant la révolution, est destinée à répandre l'instruc-

---

(1) Le mot polytechnique est tiré du grec, et signifie qui concerne ou qui embrasse plusieurs arts ou sciences.

tion des sciences mathématiques, physiques, chimiques et des arts graphiques, mais particulièrement à former des élèves pour les écoles d'application et de services publics dont il va être parlé.

Les connaissances exigées pour être admis à l'école polytechnique, sont l'arithmétique, comprenant la trigonométrie, l'application de l'algèbre à la géométrie, et les sections coniques.

ÉCOLES D'APPLICATION ET DE SERVICES PUBLICS.

Ces écoles sont destinées à fournir au gouvernement, comme il a été dit plus haut, des sujets éclairés pour for-

---

On doit à l'établissement de l'école polytechnique les grandes études faites en mathématiques, le goût si répandu de cette science, et la formation d'une foule d'écoles où on les enseigne aujourd'hui.

tifier et défendre les places de l'état, élever ses monumens publics, ouvrir ses canaux, construire et diriger ses flottes, rectifier l'exploitation de ses mines. Elles sont au nombre de six, savoir :

Ecoles d'artillerie.

Il y a huit de ces écoles dans les places, où sont mis en garnison les régimens de cette arme; les élèves qui y sont envoyés comme officiers, après avoir été examinés, appliquent leurs connaissances aux arts et aux manœuvres de guerre qui dépendent de l'artillerie.

École des ingénieurs militaires.

Cette école, réunie à celle des mineurs, est établie à Metz. Les travaux qu'on y suit sont l'application des connaissances théoriques que les élèves ont dû prendre à l'école polytechnique. Ils ont pour objet la construction de toutes sortes d'ouvrages de fortifications, de mines et contre-mines, les simulacres de siége, d'attaque et de défense, les levées des plans et les reconnaissances militaires, enfin tous les détails du service des ingénieurs dans les places et aux armées.

École des ponts et chaussées.

L'instruction qu'on y reçoit consiste principalement dans l'application des principes de physique et de mathématiques à l'art de projeter et de construire les ouvrages relatifs aux routes, aux canaux, aux ports maritimes et aux édifices qui en dépendent. L'école des ponts et chaussées fut établie en 1787, par M. Trudaine; M. Perronnet, premier ingénieur de cette école, la dirigea jusqu'au 9 pluviose an 2, époque à laquelle il mourut : son attachement pour cet établissement le porta à lui léguer, pour l'instruction des élèves, les modèles, ses porte feuilles, sa bibliothèque et ses manuscrits.

C'est à cette école que sont réunis les plans, cartes et modèles relatifs aux routes, ponts, canaux et ports commerçans : cinquante élèves sont admis à cette école; on les choisit parmi ceux de l'école polytechnique, et ils conservent dans ce nouvel établissement leur traitement de 75 fr. par mois.

Écoles de théorie et de perfection pour l'exploitation des mines.

Ces écoles, créées par la loi du 23 pluviose an X, sont placées, l'une à Geislautern, département de la Sarre, l'autre à Pesay, département du Mont-Blanc.

École des ingénieurs de vaisseaux.

Dans cette école, établie à Brest, les jeunes gens ne peuvent être admis qu'ils n'aient fait au moins deux ans à l'école polytechnique.

Écoles de navigation.

Les écoles de mathématiques et d'hydrographie destinées pour la marine de l'état, et les écoles d'hydrographie destinées à la marine du commerce, portent le nom d'écoles de navigation.

Les aspirans de marine sont reçus dans ces écoles d'après un examen.

ÉCOLES DE DROIT.

Ces écoles, qui avaient subi le sort de toutes les autres institutions, viennent d'être rétablies par la loi du 22 ventose an XII; elles doivent être organisées successivement dans le cours de l'an XIII et de l'an XIV (1); les étudians ne pourront y être admis avant seize ans.

On y enseignera :

1°. Le droit civil français dans l'ordre établi par le code civil, les élémens du droit naturel et du droit des gens, et le droit romain dans ses rapports avec le droit français.

2°. Le droit public français et le droit civil dans ses rapports avec l'administration publique.

3°. La législation criminelle et la procédure civile et criminelle.

ACADÉMIE DE LÉGISLATION,

Quai Voltaire, n°. 2.

Cet établissement a été créé en l'an IX.

Ses assemblées publiques se tiennent une fois chaque mois, et toutes sont

---

(1) L'organisation a été déterminée par un décret impérial du 4 complément. an XII.

employées à des lectures de mémoires ou d'analyses qu'une commission a jugés à l'avance devoir y être présentés.

L'académie de législation a deux objets principaux d'utilité publique, le perfectionnement et l'enseignement de la science des lois : on y enseigne en même tems l'art oratoire.

Elle atteint ce triple objet par les travaux académiques de ses membres, et par les leçons de ses professeurs.

Il y a dans l'académie de législation dix cours principaux ou accessoires de la science des lois, savoir :

1°. De droit naturel et inter-national ;
2°. D'économie publique ;
3°. D'histoire et d'antiquité du droit ;
4°. De droit romain ;
5°. De droit public positif français ;
6°. De droit privé français ;
7°. De droit criminel français ;
8°. De procédure civile et de notariat.
9°. De droit commercial et maritime.

10°. De logique, de morale et d'éloquence.

Pendant le cours de l'année, et dans les séances publiques de l'académie, les élèves rendent compte de leurs travaux ; leurs connaissances sont aussi appliquées à la pratique par l'examen et la discussion des causes, soit réelles, soit imaginaires ; ils ont entr'eux des assemblées particulières sur cet objet. A la fin de l'année, et après un exercice général, leur zèle est récompensé par une distribution solemnelle de prix.

Cette académie compte parmi les membres qui la composent les jurisconsultes les plus éclairés, entr'autres M. E. Portalis, ministre des cultes.

UNIVERSITÉ DE JURISPRUDENCE,

Rue de Vendôme.

Le but de cette institution est de rendre la jurisprudence française uniforme, et les moyens que l'université emploie pour y parvenir sont :

1°. Une école de droit, dans laquelle la pratique est réunie à la théorie. On y professe le droit romain, le droit français, la procédure, la législation criminelle, l'éloquence. Il y a cours tous les jours. Les dimanche et lundi matin, les élèves, formés en tribunal, plaident publiquement des causes, tiennent des conférences, et prononcent des discours oratoires. Le premier dimanche de chaque mois, il se tient à l'université une séance, dans laquelle le public est fait juge des progrès des élèves.

2°. Un pensionnat ; les jeunes gens y trouvent tous les moyens d'instruction réunis.

3°. Un bureau de consultations ; celles qui sortent de l'université passent toutes à la censure, ce qui est très-propre à fixer les principes.

4°. Les annales de législation et de jurisprudence que l'université publie tous les mois, et dans lesquelles se trouvent les principaux jugemens rendus par tous les tribunaux de France, la comparaison des jugemens rendus par les 31 tribunaux d'appel, et la jurisprudence du tribunal de cassation.

5°. L'université se charge de la défense des affaires auprès du tribunal de cassation. Cette défense n'est entreprise que lorsque le conseil a jugé de la bonté des moyens proposés.

ÉCOLES DE MÉDECINE.

Aux écoles de médecine déjà instituées, on doit en ajouter encore trois, dont une sera spécialement consacrée à l'étude et au traitement des maladies des troupes de terre et de mer.

L'école de médecine établie à Paris

tient ses séances dans le local consacré à la démonstration de cette science.

On y enseigne l'organisation et la physique de l'homme, les signes et les caractères des maladies d'après l'observation, les propriétés des drogues et plantes nouvelles.

Outre cette première partie de l'enseignement, les élèves pratiquent les opérations anatomiques, chirurgicales et cliniques.

ÉCOLE DE MÉDECINE CLINIQUE (1),

A l'hospice de la Charité, rue des Saints-Pères.

Cette institution, dont la première idée est due aux Allemands, est d'un

---

(1) L'usage, chez les Égyptiens, était d'exposer les malades aux yeux du public, afin que les passans qui avaient été guéris des mêmes indispo-

grand intérêt pour l'instruction des jeunes gens qui se destinent à la profession de médecin. La marche de la maladie, sa cure, son terme par la guérison ou par la mort, sont suivis journellement au lit des malades par les élèves sous les yeux du médecin; l'histoire de la maladie lui est rapportée en présence de tous les élèves. En cas de mort, les faits allégués sont vérifiés par l'ouverture du cadavre. Le rapport des élèves, l'ouverture du cadavre donnent lieu à des discussions et à des développemens très-instructifs.

---

sitions, pussent aider de leurs conseils ceux qui en souffraient.

Depuis la découverte de l'écriture, on eut recours à un autre moyen : ceux qui avaient été atteints de quelques maladies, mettaient par écrit comment et par quels moyens ils avaient été guéris : ces mémoires étaient déposés dans les temples, pour servir d'instruction publique. Chacun était le maître de les aller consulter et d'y choisir le remède dont il croyait avoir besoin.

CABINET CURIEUX.

On ne peut trop recommander aux étrangers d'aller visiter le cabinet de M. Bertrand, palais du Tribunat, n°. 23.

On voit dans le premier salon de ce cabinet d'anatomie, auquel le propriétaire a travaillé pendant trente ans, toute la structure du corps humain et les maladies auxquelles il est sujet, tant internes qu'externes; le tableau hideux des effets des maladies vénériennes. L'auteur s'est appliqué sur-tout à rendre frappans les dangers et les symptômes effrayans qui sont la suite d'une funeste habitude.

Une autre pièce présente les phénomènes de la génération, les hermaphrodites, les eunuques, etc.

On peut regarder ce cabinet, qui est un des plus parfaits en ce genre, comme le meilleur cours de morale que les pères de famille puissent mettre sous les yeux de leurs enfans pour les prémunir des dangers inséparables de la capitale.

ÉCOLES DE PHARMACIE.

Ces écoles, créées en l'an XI, ont remplacé le collége de Pharmacie qui subsistait avant la révolution.

Dans chacune de ces écoles, qui sont établies dans les villes où sont placées les écoles de médecine, on professe l'histoire naturelle et la pharmacie proprement dite.

L'école de Paris est située rue de l'Arbalète, faubourg St.-Marceau, à l'ancien jardin des Apothicaires.

ÉCOLE D'HISTOIRE NATURELLE, DE PHYSIQUE ET DE CHIMIE.

Dans le nouveau plan d'instruction publique, il doit être établi des écoles où ces diverses sciences seront enseignées.

Ecoles d'arts mécaniques.

Deux écoles spéciales, destinées à l'enseignement des arts mécaniques et chimiques, doivent être également placées dans les villes les plus riches en industrie et en manufactures.

Bornons-nous ici à parler des différens cours qui, pour le moment, tiennent lieu de ces écoles.

Cours d'Histoire naturelle.

(Voyez ce qui a été dit à l'article *Musée d'histoire naturelle*.)

Nota. Paris renferme plusieurs cabinets d'histoire naturelle tenus par des particuliers ; on distingue entre autres celui de Mlle. Gaillard, rue du Paon Saint-Victor.

Cours de Chimie.

Les cours de chimie ont lieu,

1°. Au jardin des Plantes ; M. Fourcroi, professeur.

2°. A l'école de Médecine.

3°. Chez M. Vauquelin, rue du Colombier.

Cours de minéralogie.

Ce cours a lieu à l'hôtel de la Monnaie ; M. Sage, professeur.

Cours de Physique.

Ce cours a lieu au cabinet de M. Charles, palais des Sciences et Arts.

Cours de Sténographie (1), *par M. Bertin, rue de la Sonnerie, n°. 1.*

La sténographie fut connue des Romains, et les Anglais sont les premiers

---

(1) D'autres méthodes que celle de M. Bertin ont depuis été mises en pratiques ; telles sont, 1°. la tachygraphie de M. Coulon Thévenot, 2°. l'okygraphie, de M. H. Blanc, méthode extrêmement ingénieuse.

qui, depuis eux, s'en sont servi. M. Bertin, après avoir perfectionné la méthode de Taylor, professeur de sténographie à Oxford, l'a adaptée à la langue française. Cette méthode est fondée sur des principes simples et faciles, tels qu'on peut seul, en quelques jours, connaître les élémens de cet art, et se mettre en état de recueillir toutes sortes de discours publics: la mémoire ne peut être surchargée du nombre de lettres que comporte l'alphabet qui en fait la base. Ces caractères sont empruntés de lignes géométriques les plus simples, c'est-à-dire des huit formes de la nature. Ils s'enlacent les uns dans les autres, rejettent tous les traits inutiles que l'écriture usuelle exige, et n'ont d'autres ligatures que celles qui sont matériellement nécessaires pour former la lettre elle-même.

Cours de Pasigraphie, par M. de Maimieux, rue et faubourg Montmartre, n°. 25.

Le mot *pasigraphie* est formé de deux mots grecs, et signifie une écriture tellement universelle, que ce qu'un homme a écrit suivant cette méthode dans sa langue, peut être pleinement compris par un homme qui ne sait pas cette langue, et sans avoir besoin de traduction. La langue universelle, dont M. de Maimieux est l'inventeur, s'écrit avec 12 caractères qui classent la nature physique et morale en genres, espèces et individus, sans égard à l'idiôme dans lequel chaque nation peut s'exprimer. Le dictionnaire en est contenu dans un tableau de 3o pouces carrés; c'est une espèce de carte géographique de toutes les idées humaines, indiquées par la combinaison des 12 caractères ci-dessus.

Cet art doit faire, entre tous les peuples qui l'auront adopté, l'office d'un truchement universel.

Cours de Géométrie pratique.

Ce cours, dont le gouvernement, sur la proposition du ministre des finances, a autorisé l'ouverture en l'an XII, a pour objet de former des ingénieurs géomètres qui seront employés au *levé* de la carte topographique de toutes les communes de la France.

ÉCOLE SPÉCIALE MILITAIRE (1),

A Fontainebleau.

Cette école, qui a été créée par la loi du 10 floréal an X, est consacrée à ser-

---

(1) Cette institution importante doit être distinguée des autres écoles spéciales, soit parce que

vir de complément à l'instruction des élèves qui se destinent à la profession des armes.

---

son objet est véritablement indépendant des lycées, soit parce qu'elle est soumise à une administration et à une discipline différente de celles qui régissent ces institutions. On ne doit pas non plus confondre cette nouvelle école avec l'ancienne école militaire. Le mode d'enseignement qui y est donné l'éloigne beaucoup de l'établissement qui portait le même nom. (Voyez ce qui a été dit au chapitre 1er., article *Ecole militaire*.) Elle est ouverte à tous les élèves des lycées qui se sont distingués dans leurs études. 500 de ces élèves y sont entretenus pendant deux ans aux frais de la république, et y reçoivent toute l'instruction qui est nécessaire aux hommes de guerre, soit dans la théorie, soit dans l'administration, soit dans la pratique de l'art militaire. Leur nombre surpassant de beaucoup celui des élèves qui pourront être placés dans chacun des autres genres d'écoles spéciales, les 250 jeunes gens qui y entreront chaque année, seront pris soit parmi les pensionnaires nationaux, soit parmi les pensionnaires non nationaux

Pour être admis dans cette école, il faut avoir 16 ans au moins et 18 au plus.

Tous les élèves sont soldats et leur service date du jour où ils sont admis à l'école de bataillon. Chaque élève, dans les six mois qui suivent son admission, doit être mis en état d'instruire ceux qui arrivent, et au bout d'un an avoir le ton du commandement de manière à commander le maniement des

---

et les élèves externes des lycées ; savoir : 100 parmi les premiers et 150 parmi les seconds. Il a paru juste, dit M. Rœderer, dans son rapport sur l'instruction publique, d'ouvrir la carrière militaire à tous les élèves des lycées, de les appeler tous à ce concours, et de distribuer même le plus grand nombre des places aux élèves non pensionnés par la patrie, afin de présenter aux parens qui les auront entretenus près des lycées, la perspective d'un avancement fait pour alléger leur sacrifice.

armes et toutes les évolutions militaires à une division.

La discipline, les punitions, les rapports, la police, la tenue, les inspections se font comme dans un bataillon. Les élèves sont placés par chambrée, mangent à la gamelle, font eux-mêmes leur cuisine, etc.

On fait faire aux élèves au moins une fois par mois et d'une seule haleine, six lieues de 2500 toises avec le fusil, le sac et le pain pour quatre jours.

Les deux années d'exercice et d'étude dans l'art de la guerre sont comptés aux élèves pour tems de service. Ceux d'entr'eux qui, pendant deux ans, se seront le plus distingués dans leurs études et par leur conduite, entrent officiers dans les corps au sortir de l'école.

INSTITUT NATIONAL DES SOURDS-MUETS DE NAISSANCE,

Faubourg Saint-Jacques.

Cet établissement, qui est dû aux soins généreux de l'abbé de l'Epée, et qui n'a cessé d'être administré par son digne successeur, M. Sicard (1), est un de ceux qui honorent le plus la France; des ateliers de plusieurs sortes sont établis dans cette maison.

La Maison des sourds-muets forme deux sortes de pensionnats; l'un composé de quatre-vingts élèves gratuits aux frais du gouvernement, spécialement

---

(1) L'abbé Sicard, en conservant religieusement la méthode de l'abbé de l'Epée, y a ajouté de nouveaux procédés, et a fait passer des signes manuels dans le domaine de la langue métaphysique. Il a formé dans Massieu un élève qui étonne par la précision de ses idées et la justesse avec laquelle il les exprime.

exercés aux travaux mécaniques, pour apprendre une profession ; l'autre ne peut être composé que de quarante élèves, aux frais de leurs parens, et ceux-ci, traités à tous égards comme le sont les jeunes gens dans les familles aisées, sont instruits de toutes les connaissances qu'on donne dans les maisons d'éducation.

On leur apprend :

1°. A lire et à écrire ;

2°. Les langues française et anglaise ;

3°. Le calcul et les principes de géométrie relatifs aux arts exercés dans l'industrie ;

4°. La sphère et la géographie ;

5°. L'histoire ;

6°. Le dessin ;

7°. La gravure en taille-douce ;

8°. La mosaïque ;

9°. Le tour.

On y reçoit aussi des sourdes-muettes

à sept ans et au-dessus. Elles habitent un quartier entièrement séparé ; elles sont surveillées jour et nuit par des personnes de leur sexe, qui leur montrent à travailler en linge, et tous les autres ouvrages de l'aiguille. On leur enseigne aussi, comme aux sourds-muets, outre la lecture et l'écriture, toutes les connaissances qui conviennent à leur sexe.

Le prix de la pension pour les garçons est de 900 fr., et de 800 fr. pour les filles.

Tous les derniers jeudis de chaque mois, il y a séance publique, dans laquelle les élèves des deux sexes font des exercices.

On peut se faire une idée des services importans qu'a rendus à la société M. l'abbé Sicard par la déposition suivante, écrite en 1793, chez un juge du tribunal de police de Paris, par un sourd-muet de naissance, âgé de dix-neuf ans, à qui l'on venait de voler un porte-feuille dans sa poche.

« Je suis sourd et muet ; j'étais re-
» gardant le soleil du Saint-Sacrement
» dans une grande rue, avec tous les
» autres sourds-muets. Cet homme
» m'a vu ; il a vu un petit porte-feuille
» rouge dans la poche droite de mon
» habit. Il s'approche doucement de
» moi ; il prend ce porte-feuille. Mon
» (ma) hanche m'avertit ; je me tourne
» vivement vers cet homme, qui a
» peur. Il jette ce porte-feuille sur la
» jambe d'un autre homme, qui le ra-
» masse et me le rend. Je prends
» l'homme voleur par sa veste ; je le
» retiens fortement ; il devient pâle,
» blême et tremblant. Je fais signe à
» un soldat de venir ; je montre le
» porte-feuille au soldat, en lui faisant
» signe que cet homme a volé mon
» porte-feuille. Le soldat prend l'hom-

» me voleur et le mène ici ; je l'ai
» suivi ; je vous demande de nous juger.
» Je jure Dieu qu'il m'a volé ce porte-
» feuille ; lui n'osera pas jurer Dieu.
» Je vous prie de ne pas ordonner de
» le décapiter ; il n'a pas tué, mais
» seulement dites qu'on le fasse ra-
» mer. »

En l'an X, un particulier proposa un moyen de faire entendre la musique aux sourds-muets de naissance. Ce moyen est une verge d'acier, dont on place le bout sur la table, et l'autre entre les dents du sourd. On y ajoute une branche terminée par un boulon de cuivre, qui appuie sur le creux de l'estomac, et quelquefois une troisième qui pose sur le crâne. Après quelques essais, il a été reconnu que ce procédé pouvait être employé dans les surdités qui ne proviennent que de quelques obstructions du méat externe, et non dans celles où le nerf est paralysé, ou qui sont produites par quelque dérangement essentiel dans l'intérieur. Plusieurs sourds, sur lesquels on a essayé ce moyen, ont manifestement entendu; mais le plus grand nombre a déclaré n'éprouver qu'un trémoussement plus ou moins général.

MUSÉE DES AVEUGLES,

ou Cours sur la manière d'instruire les aveugles; par M. Haüy, hôtel de Mesmes, rue Sainte-Avoye.

M. Haüy, outre les divers métiers qu'il enseigne à ses élèves aveugles, et dont les travaux sont exposés tous les ans, les met encore à portée, 1°. d'apprendre, pour ainsi dire d'eux-mêmes, à connaître les lettres et leurs sons primitifs; 2°. de former facilement des sons secondaires, sans qu'ils aient la peine d'épeler, enfin il leur applanit toutes les difficultés.

Le système de M. Haüy est basé sur des règles générales, sujètes à très-peu d'exceptions, applicables à toutes les langues, et même à toutes les manières de figurer le discours.

La musique pouvant être une des principales ressources des aveugles, on s'attache à en faire des musiciens.

En 1778, M. Haüy imagina une presse connue sous le nom de *presse des aveugles*. Cette presse foule le papier, de manière à imprimer les caractères en relief et sans couleur. C'est par cet art que les idées deviennent palpables, et qu'on les transmet aux aveugles.

L'année suivante, M. Pellerin imagina un procédé, au moyen duquel un aveugle pourrait écrire de sa main tout ce qu'il voudrait. On se sert pour cela de petites bandes de papier fort étroites, pliées séparément ; on les met sur les autres, en tenant et conduisant de la main gauche par le lacet une de ces bandes sous un crayon ; la personne aveugle la remplit d'une ligne entière, et suit le même procédé pour toutes les autres bandes ; une main étrangère rassemble ces bandes, en forme une suite, et on les relit à l'auteur.

On aurait peine à croire tout ce que la plupart des écrivains nous ont raconté sur la finesse du tact chez les aveugles, si ces faits n'avaient été attestés par des témoins oculaires (1).

On citait en 1779 un homme qui, aveugle depuis neuf ans, démontait pièce à pièce une horloge, la nétoyait

---

(1) L'aveugle le plus étonnant est l'anglais Saunderson, qui donnait des leçons de perspective, et reconnaissait au tact un écu et même un diamant faux.

dans tous ses engrenages et dans toutes ses parties, réparait même les endroits défectueux, et remettait très-adroitement chaque chose à sa place. La finesse du tact lui faisait même appercevoir des choses presqu'impossibles à découvrir à l'œil.

ÉCOLE D'ÉCONOMIE RURALE VÉTÉRINAIRE,

A Alfort, près Charenton (1).

Cet établissement est composé d'un cabinet d'anatomie comparée, et d'un autre de pathologie. Il y a en outre de

___

(1) C'est à M. Berthier, intendant de Paris, chargé pendant quelques années de l'administration de cette école, que sont dûs les changemens qu'elle a éprouvés.

Dans une des salles de cet établissement, on remarque un buste en marbre blanc, élevé sur un cippe, à la mémoire de Claude Bourgelat, le premier qui ait proposé à M. Bertin, alors mi-

vastes hôpitaux où l'on reçoit les animaux malades; des forges, un laboratoire de chimie, une pharmacie, un jardin botanique, un terrain employé à la culture des fourrages, une ruche, un troupeau de moutons destiné à des expériences sur le croisement des races et l'amélioration des laines (1), une salle

---

nistre, l'établissement d'une école vétérinaire, et qui en fut le premier directeur. Ce buste, et les ornemens qui l'accompagnent, sont dûs au ciseau de M. Boisot, sculpteur.

(1) La France a obtenu du croisement des races le succès qu'elle en attendait. Les expériences faites à Rambouillet ne laissent rien à désirer à cet égard. Le fil provenant des chèvres de ce beau troupeau peut entrer en concurrence avec celui que l'on tire du Levant. C'est à Rambouillet qu'il faut aller pour voir le véritable type de la belle race d'Espagne. Les brebis ont un corsage d'une beauté extraordinaire. Le soin qu'on a toujours de ne les laisser porter qu'à la troisième année, leur laisse prendre ce développement complet que les gestations prématurées contribuent à empêcher ailleurs. *V. laines*, chap. 13.

pour les cours, et des bâtimens tant pour loger les élèves que les employés.

Les élèves sont envoyés à l'école ou par les préfets ou par le ministre de la guerre, ou aux frais de leurs parens.

Dans les cas de maladies épizootiques ou autres, le directeur envoie un ou plusieurs élèves ou même des professeurs pour en arrêter les effets.

ÉCOLE PRATIQUE ET THÉORIQUE DU JARDINAGE.

Rue d'Enfer, n°. 27, près le boulevard du Mont-Parnasse.

Cette école est dirigée par M. Léonard Lemoine.

ATHÉNÉES (1).

ATHÉNÉE DES ARTS,

A l'Oratoire, rue Saint-Honoré.

Cette société, formée en 1792, a pour but l'encouragement des arts ; elle traite

---

(1) L'athénée était à Rome une école de belles-lettres que l'empereur Adrien avait fait construire pour servir d'auditoire aux savans et à ceux qui voulaient lire leurs ouvrages en présence de beaucoup de monde.

Ce lieu servait aussi de collége. Non-seulement on y lisait des ouvrages, mais on y donnait encore des leçons : on a étendu le nom de ce lieu sur toutes sortes d'académies destinées à l'explication des langues et des sciences. L'athénée qui se forma à Lyon fut célèbre à cause des grands hommes qui y enseignèrent, et par les jeux que l'empereur Caligula y institua. On y proposait, près de l'autel d'Auguste, des prix pour l'éloquence grecque et latine, et les vaincus étaient obligés d'effacer leur composition avec la langue, s'ils n'aimaient mieux être fouettés ou plongés dans la rivière de Saône.

également des objets scientifiques, et de ceux de littérature. Elle rend compte chaque année de ses travaux et des inventions qu'elle a jugées dignes d'être couronnées.

L'athenée des arts est divisé en deux grandes sections, celle des membres et des associés libres ; on passe de la seconde dans la première, selon les formes prescrites par les réglemens.

ATHÉNÉE DE PARIS,
Rue du Lycée.

Cet athenée fut institué en 1784, par Pilâtre du Rosier. Outre les cours qu'on y professe, et à la tête desquels sont les savans les plus distingués de la capitale, (il suffit de citer MM. Fourcroi, Garat, Ginguené, Sicard, etc.), les abonnés y trouvent tous les avantages que présentent les cabinets littéraires.

Il est ouvert tous les jours depuis neuf

heures du matin jusqu'à onze heures du soir.

Cet utile établissement est composé de deux grandes divisions, où sont distribués treize cours désignés ainsi qu'il suit :

Première Section.

Physique expérimentale ;
Chimie ;
Anatomie et Physiologie ;
Zoologie ;
Technologie, ou application des sciences aux arts et métiers.
Perspective.

Deuxième Section.

Littérature ;
Histoire de la Grèce ;
Histoire moderne ;
Grammaire générale ;
Langue anglaise ;
—— italienne.

ATHÉNÉE DES ÉTRANGERS,

Rue du Hasard-Richelieu.

Cet établissement, qui ne le cède en rien à l'athénée de Paris, compte plusieurs femmes célèbres, connues avantageusement dans la littérature.

Il y a tous les mois des séances littéraires, qui offrent aux souscripteurs des moyens précieux d'instruction, et le plaisir d'entendre des morceaux nouveaux de prose ou de poésie, presque toujours lus par les auteurs eux-mêmes.

SOCIÉTÉS LITTÉRAIRES,

Ayant pour objet le perfectionnement des arts et des sciences.

SOCIÉTÉ DE MÉDECINE.

....

SOCIÉTÉ PHILOTECHNIQUE,

Au Louvre.

....

SOCIÉTÉ PHILOMATHIQUE.

....

SOCIÉTÉ DES OBSERVATEURS DE L'HOMME.

....

SOCIÉTÉ IMPÉRIALE D'AGRICULTURE.

Cette société, formée en l'an VI, est composée de savans propriétaires et à-la-fois cultivateurs, qui ne peuvent excéder le nombre de soixante; elle a vingt membres associés et vingt associés étrangers.

Elle a, en outre, un nombre illimité

de correspondans dans les départemens, les colonies et les pays étrangers.

Cette société se réunit deux fois par mois, les premier et troisième mercredis, dans une des salles de la préfecture du département.

SOCIÉTÉ

Fondée en faveur des savans et des hommes de lettres.

Cette société, dont le sénateur François (de Neuchâteau) donna la première idée en l'an XI, pour venir au secours des hommes de lettres, tient ses séances à la préfecture. Les personnes qui désirent concourir aux vues que se sont proposées les fondateurs de cet utile établissement, peuvent s'adresser à M. Boulard, rue St.-André-des-Arcs. Le prix de la souscription est de 24 fr. par année.

SOCIÉTÉ DES AMIS DES ARTS.

Cette société, composée de deux cents membres, s'est formée en 1780. Le produit de mille actions, de chacune 69 fr., et qui sont réparties, est employé tant en gravures qu'en d'autres acquisitions ; on forme des lots qui sont tirés au sort. On voit avec satisfaction que ces tirages ont produit depuis dix ans aux artistes, au moins 180,000 f. ; il en est résulté environ quarante mille gravures, et trois cent soixante autres objets. Il y a chaque année une exposition publique.

SOCIÉTÉ D'ENCOURAGEMENT

Pour l'industrie nationale, rue Saint-Dominique.

(Voyez chapitre 13, *Industrie nationale*.)

SOCIÉTÉ PHILANTHROPIQUE.

(Voy. chap. 10, *Etablissemens de bienfaisance*.)

SOCIÉTÉ DE STATISTIQUE (1),

Séante à l'Oratoire.

Les travaux de cette société, fondée le 16 pluviose an XI, ont pour but de

---

(1) Du mot latin *status*, état, existence actuelle des choses. On entend en effet par *Statistique* la science qui traite des forces physiques, morales et politiques d'un pays quelconque.

Les Allemands ont, pour ainsi dire, créé la Statistique. Cette science est fondée sur deux bases solides, les faits et les calculs. On peut la comparer à l'anatomie : c'est l'art de disséquer un corps social pour en examiner séparément toutes les parties. Ce n'est que depuis quelques années que cette connaissance s'est étendue parmi nous, et qu'elle est devenue une science nouvelle. Elle apprend à ceux qui sont chargés des emplois publics, à mieux voir tout ce qu'ils ont à faire pour se rendre utiles à la patrie ; elle donne aux négocians des notions propres à leur faire perfectionner leurs manufactures, étendre ou mieux diriger leur commerce, et calculer avec plus d'exactitude les hasards des spéculations; elle fournit, sur-tout aux

fixer enfin, d'une manière positive, les principes et les limites de cette science, d'en rendre l'étude plus générale et plus facile, d'ajouter de nouvelles connaissances à celles que l'on a déjà pu réunir sur l'état de l'agriculture en France, de l'industrie, du commerce, des beaux-arts, etc. : cette société doit, à l'exemple des universités d'Allemagne, ouvrir des cours publics.

SOCIÉTÉ GALVANIQUE,

Séante à l'Oratoire.

Cette société, fondée en l'an 2, a pour but d'étendre les progrès de cette découverte, qui date de l'an VIII.

Le galvanisme (1) est la propriété en

---

habitans des campagnes, des leçons et des exemples dignes de les déterminer à s'écarter d'une ignorante routine, soit pour améliorer leur culture, soit pour en essayer de nouvelles.

(1) *Origine de la découverte du galvanisme.*
La femme de Galvani prenait pour sa santé, en

vertu de laquelle il se manifeste des mouvemens spasmodiques dans un système d'organes nerveux ou musculaires, dans lesquels même tout principe de vie paraît éteint, lorsqu'on rétablit une communication entre deux points de ce système, au moyen de certaines substances, et particulièrement de substances métalliques, mises en opposition. Le principe de cette propriété est inconnu. L'eau, les corps humides, sont des conducteurs du galvanisme; les métaux purs le sont aussi, tels que l'or, l'argent, le zinc, l'étain. Le docteur Aldini, neveu et coopérateur de Galvani,

---

1783, des bouillons de grenouille; son mari, qui l'aimait tendrement, s'en occupait lui-même; il avait écorché plusieurs grenouilles, et en les touchant par hasard, une communication involontaire lui fit appercevoir le phénomène singulier, connu depuis sous le nom de *galvanisme*, du nom de ce physicien qui l'observa le premier.

continue des expériences qui pourront jeter des lumières sur ce phénomène.

ÉCOLES SPÉCIALES,

Consacrées aux progrès des beaux-arts.

MUSIQUE.

CONSERVATOIRE DE MUSIQUE (1),

rue Bergère, ci-devant hôtel des Menus.

Le conservatoire de musique, créé par la loi du 18 brumaire an 2, est établi pour la conservation et la reproduction de la musique dans toutes ses parties.

Quatre cents élèves, pris en nombre

---

(1) Le conservatoire a été élevé pour remplacer les cathédrales qui étaient autant de conservatoires. Ces écoles fournissaient la France de chantres et de musiciens.

égal dans chaque département, sont instruits gratuitement dans le conservatoire; les études sont dirigées sur ces points principaux, entretenir la musique dans la société, former des artistes pour l'exécution des fêtes publiques, pour les armées et pour le théâtre.

Tous les ans on distribue des prix aux élèves qui se distinguent dans chaque genre d'étude : ces prix sont indépendans du grand prix de composition musicale.

Le but de ce prix est d'envoyer chaque année en Italie un jeune compositeur français, pour acquérir un goût délicat et sévère par l'étude et la comparaison des ouvrages des grands maîtres.

ÉCOLE SPÉCIALE DE PEINTURE ET DE SCULPTURE.

Les professeurs attachés à cet établissement, qui remonte au siècle de

Louis XIV, sont au nombre de 12, et 8 adjoints : indépendamment des 12 professeurs pour le dessin, il y en a 2 autres; l'un pour la perspective, et l'autre pour l'anatomie.

Pour être admis à dessiner dans les écoles, les élèves sont soumis à un examen, et le concours des places a lieu deux fois par an.

On distribue chaque année 12 médailles aux élèves qui ont le mieux dessiné, soit d'après le modèle, soit d'après l'antique.

Trois autres concours ont lieu chaque année ; celui de la tête d'expression, d'après nature, fondé par Caylus, et dont le prix est de 1,000 francs ; celui de la demi-figure, peinte de grandeur naturelle, d'après le modèle, dont le prix est de 300 francs : ce dernier a été fondé d'après le célèbre Latour, peintre de portraits; enfin, le grand prix en peinture ainsi qu'en sculpture a également lieu tous les ans. L'élève couronné est envoyé à Rome (1) aux frais du gouvernement : il y reste pendant quatre années.

GRAVURE.

La gravure, cet art qui est pour tous les autres arts ce qu'est l'imprimerie pour les sciences, et les lettres pour le progrès des connaissances humaines, est enfin sorti de l'oubli auquel il fut condamné pendant long-tems. La gravure est aujourd'hui non-seulement placée dans la

---

(1) C'est à Lebrun, peintre célèbre du siècle de Louis XIV, que la France est redevable de cet établissement dont le bienfait avait été interrompu par la guerre de la révolution.

La direction en est confiée à M. Suvée.

Le nombre des pensionnaires est de 12 peintres, 4 sculpteurs et 4 architectes. Outre un traitement pécuniaire, ils sont logés et nourris dans le palais consacré à l'école, et défrayés des modèles pour l'étude.

nouvelle organisation de l'institut, mais elle jouit en outre des mêmes avantages que la peinture et la sculpture. Les élèves qui ont obtenu le grand prix (1) sont également envoyés à Rome aux frais du gouvernement.

---

(1) Le concours pour la gravure sera alternativement un grand prix de gravure en taille douce, en pierres fines et en médailles.

On divise la gravure en gravure en bois, en gravure sur métaux et en gravure en taille douce.

La gravure en bois est beaucoup plus ancienne que celle en cuivre; on n'en fait guère usage aujourd'hui que pour quelques vignettes ou fleurons dont on se sert comme ornemens dans les ouvrages d'impression.

Les graveurs sur métaux sont les artistes qui imitent les objets visibles soit en creux ou en relief, sur les pierres fines et communes, l'or, l'argent, le cuivre, l'étain, le fer et l'acier, soit à l'eau forte ou au burin.

Les graveurs en taille douce sont ceux qui gravent l'histoire, la figure, le paysage et l'ornement sur des planches de cuivre préparées à cet effet.

ÉCOLE NATIONALE D'ARCHITECTURE.

Cette école est fondée sur les mêmes bases que celles de peinture et de sculpture. Outre le grand prix, qui se décerne dans une séance publique de l'institut, et qui procure à l'élève couronné l'avantage d'être envoyé à Rome et d'y passer quatre années aux frais du gouvernement, il y a tous les mois un concours et un prix de composition pour l'émulation des élèves. Le sujet est ordinairement un monument public.

Tous les élèves et étudians en architecture sont admis à concourir au grand prix, pourvu qu'ils soient citoyens français. Trois professeurs sont attachés à cette école.

Le premier pour l'architecture;
Le deuxième pour les mathématiques;
Le troisième pour la stéréotomie.

ÉCOLE D'ARCHITECTURE RURALE.

Nous devons aussi parler de l'école d'architecture rurale qu'a formée depuis quelques années M. Cointereau, inventeur du pisé (1). Cet établissement est situé à Saint-Mandé, sur le chemin de Vincennes.

Les maisons construites en pisé sont chaudes en hiver et fraîches en été. Elles sont susceptibles de toutes sortes de décorations intérieures et extérieures; elles peuvent durer plus de deux siècles, en sorte qu'elles réunissent à une grande solidité beaucoup d'économie, et ont de plus l'avantage d'être à l'abri des incendies.

---

(1) Pisé ou Pisay. C'est un certain art de bâtir sans pierre et sans bois, mais en terre seulement.

ÉCOLE GRATUITE DE DESSIN,

Rue des ci-devant Cordeliers, près l'École de Médecine.

Cet établissement, créé en 1766 en faveur des enfans qui se destinent aux professions mécaniques, est dirigé et administré par le fondateur, M. Bachelier : on peut y admettre 1,500 élèves.

On leur enseigne la géométrie-pratique, les calculs, la coupe des pierres, la perspective et le toisé.

COURS D'ICONOGRAPHIE,

Ou l'art de représenter les productions de la nature;

Au Muséum national d'histoire naturelle.

Ce cours, fondé en l'an 2, a lieu tous les mardi, jeudi et samedi, depuis onze heures jusqu'à deux. Le professeur est M. Vanspaendonck, célèbre peintre de fleurs et membre de l'institut.

Les élèves travaillent dans la bibliothèque du Muséum, soit d'après la nature même, soit d'après des *études* peintes ou dessinées par le professeur. Ils ont à leur disposition les vélins de la bibliothèque, qui leur offrent, dans tous les genres, les productions de la nature, exécutées avec autant de perfection et de précision sous le rapport de l'art que sous celui de l'histoire naturelle.

CALCOGRAPHIE

Des frères Piranesi, emplacement du ci-devant collége de Navarre (1).

Ce bel établissement, dont nous sommes redevables aux frères Piranesi,

___

(1) Ces artistes distingués obtinrent en l'an IX une médaille d'encouragement. Ils ont joint à leur établissement un atelier où l'on exécute, sous la

si connus par leurs beaux ouvrages sur les antiques de l'Italie, vient d'être érigé par le gouvernement en académie des beaux-arts.

Cette académie renferme sept classes, réunissant autant de travaux différens.

Dans la première on exécute toutes sortes de peinture, soit à l'huile, soit à la gouache, d'après des peintures à fresque et autres.

La deuxième est destinée à la sculpture de tout genre, soit en marbre, soit en modèle de terre cuite.

La troisième s'occupe exclusivement de l'architecture tant ancienne que moderne, des monumens et de leurs décorations.

La quatrième est destinée aux peintures d'histoire naturelle et des paysages.

---

direction des frères Cardelli, des imitations de monumens antiques, en marbre précieux.

La cinquième est tout entière pour la gravure.

La sixième, pour la décoration interne et externe.

La septième, pour la peinture des pierres camées et cornalines.

N. B. Les frères Piranesi viennent de faire, au palais du Tribunat, rue Saint-Honoré, n°. 1354, une exposition qui présente aux amis des arts les divers degrés d'intérêt qu'inspire une collection de vues du meilleur choix, de l'Egypte, de la Grèce, de l'Italie et de la France.

ÉCOLE DE MOSAÏQUE.

Cette école, que le gouvernement vient d'établir pour la conservation de cet art précieux, est également placée au ci-devant collége de Navarre : elle est dirigée par M. Belloni, mosaïste romain.

Fin du premier Volume.

TABLE DES MATIERES

CONTENUES DANS LE PREMIER VOLUME.

	Page
Avis de l'éditeur	v
Origine de Paris et ses accroissemens.	vij
CHAPITRE Ier. *Edifices remarquables*.	1
Barrières.	7
Porte St.-Denis et St.-Martin.	7 et *suiv*.
Palais impérial, ou les Tuileries.	10
Le Louvre.	16
Palais du Sénat Conservateur.	19
Palais du Corps Législatif.	24
Palais du Tribunat.	26
Palais de Justice.	29
Le Panthéon.	31
Hôtel des Invalides.	34
École militaire.	41
Le Val-de-Grace.	45
Palais des Arts.	46
Hôtel des Monnaies.	48
La Sorbonne.	49
Ecole de chirurgie.	51
L'Observatoire.	54
Le Garde-Meuble.	56
L'Hôtel-de-Ville.	57
Hôtels et maisons de particuliers.	59

	Page
CHAPITRE II. Lieux mémorables par leur antiquité.	62
CHAPITRE III. *Eglises* du culte catholique.	67 et *suiv.*
Religion réformée.	78
CHAPITRE IV. *Places publiques.*	
Place du carrousel.	80
—— des Victoires.	81
—— Vendôme.	82
—— de la Bastille.	83
—— Desaix.	85
—— des Vosges.	88
—— de la Concorde.	90
—— de l'Hôtel-de-Ville.	*ibid.*
Halles et Marchés.	92 et *suiv.*
CHAPITRE V. *Ponts et quais.*	96 et *suiv.*
CHAP. VI. Fontaines publiques, bains etc.	102 et *suiv.*
École de natation.	107
Château-d'Eau.	*ibid.*
Eaux minérales factices.	108
CHAPITRE VII. *Egouts.*	110
CHAPITRE VIII. Boulevarts.	113
Les Champs-Elysées.	115
Jardins des Plantes.	116
Tivoli, Frascati, Elysée-Bourbon, guinguettes.	117 et *suiv.*
Pépinières.	120
CHAP. IX. *Prisons, maisons d'arrêt, de correction et de réclusion.*	121 et *suiv.*

	Page
CHAP. X. *Hospices, hôpitaux, et établissemens de bienfaisance.*	129 et suiv.
CHAPIT. XI. *instruction publique.*	
Bibliothèque impériale.	184
——— du Panthéon.	190
——— de l'Arsenal.	191
——— des Quatre-Nations.	192
——— du Conseil d'état.	193
——— de l'Institut national.	ibid.
Institut national des sciences et arts.	194
Musée d'histoire naturelle.	200
Cabinet d'histoire naturelle.	205
Ménagerie.	212
Colléges, prytanée, lycées, écoles publiq.	215
Ecole normale.	219
——— centrales.	221
Prytanée.	223
Lycées.	226
Ecoles spéciales.	228
Collége de France.	229
Ecole polytechnique.	230
Ecoles d'application et de services publics.	231
——— de droit.	235
Académie de législation.	236
Université de jurisprudence.	238
Ecole de médecine.	240
——— de médecine clinique.	241
Cabinet curieux de M. Bertrand.	243
Ecoles de pharmacie.	244
——— d'histoire naturelle, de physique et chimie.	ibid.

	Page
Cours de sténographie par M. Bertin.	246
Cours de pasigraphie, par M. Maimieux.	248
Ecole spéciale militaire.	249
Institut national des sourds-muets de naissance.	253
Musée des Aveugles.	258
Ecoles d'économie rurale vétérinaire.	261
—— pratique et théorique du jardinage.	263
Athénées. Athénée des arts.	264
—— de Paris.	265
—— des étrangers.	267
Sociétés littéraires. Société de médecine.	ibid.
Société impériale d'agriculture.	ibid.
—— fondée en faveur des savans et des hommes de lettres.	269
Société des amis des arts.	270
—— d'encouragement.	ibid.
—— de statistique.	271
—— de galvanisme.	272
Ecoles spéciales. Conservatoire de musique.	274
Ecole spéciale de peinture et de sculpture.	275
Ecole nationale d'architecture.	279
—— d'architecture rurale.	280
—— gratuite de dessin.	281
Cours d'iconographie.	ibid.
Calcographie des frères Piranesi.	282
Ecole de mosaique.	284

Fin de la Table du premier Volume.

www.ingramcontent.com/pod-product-compliance
Lightning Source LLC
Chambersburg PA
CBHW071338150426
43191CB00007B/779